防灾减灾系列教材

应急管理决策技术

郭继东　程　永　焦贺言　编著

应急管理出版社
·北京·

内 容 提 要

应急管理决策是对突发事件应对方案的评价和选择。本书主要介绍应急管理决策技术，包括多属性决策分析技术、层次分析法、模糊综合评价技术、数据包络分析技术、主成分分析技术、博弈分析技术、基于案例的推理技术及系统结构分析技术等。

本书可作为应急管理、应急技术与管理专业本科生及研究生的教材，也可以作为应急管理决策者及管理人员的参考书。

"防灾减灾系列教材"编审委员会

主　任　任云生
副主任　洪　利
委　员（按姓氏笔画排序）
　　　　　万永革　王福昌　刘　彬　刘小阳　刘庆杰
　　　　　刘晓岚　池丽霞　孙治国　李　平　李　君
　　　　　沈　军　周振海　姜纪沂　袁庆禄　唐彦东
　　　　　蔡建羡　廖顺宝

《应急管理决策技术》编写组

主　编　郭继东　程　永　焦贺言

前　言

　　进入 21 世纪以来，世界范围内灾害事故多发频发，如 2001 年的美国"9·11"事件，2008 年的"5·12"汶川大地震，2011 年发生并持续至今、对未来世界海洋环境造成深远影响的日本福岛核泄漏事故，2019 年底暴发的全球新冠肺炎疫情，以及当前大国、国家联盟博弈背景下的国际商业供应链中断危机等，均对人类社会福祉和可持续发展造成了巨大扰动。如何对灾害风险进行评估管控，在其未成灾之前就做好人、财、物、所的准备及监测预警，并能够在灾害真正来临时实现快速响应，最大可能地降低人员伤亡和财产损失，这给政府提升应急管理能力带来了重大挑战，也为相关应急社会组织、学术界和实业界提出了新的研究课题。

　　管理就是决策，应急管理的核心职能行使离不开决策技术的支撑。决策技术经过多年的发展，不断融合来自数学、运筹学、信息科学、组织行为学、管理学和经济学等学科的思想和方法，形成了适用于管理决策且独具特色的方法及技术。近些年，特别是在过去的 20 年时间里，决策技术被诸多学者不断引入到应急管理领域，取得了较好的应用效果。本书就是对它们中部分成果的总结和提炼。

　　总体来讲，决策就是做选择，这句话在应急管理领域仍然适用。与传统管理或运营研究领域相比，应急管理领域最大的特点在于突发事件在时、空、强上的高度不确定性，这就带来了对于应急救援资源的需求在时间、数量、结构及地理位置上的高度不确定性；同时，应急管理的能力水平应当与辖区经济社会发展的水平相适应，既要重视社会效益，也要兼顾经济效益，做到平战结合。这就决定了在应急管理领域，只有那些能够将定性分析建模和定量计算仿真相结合、且适应在不确定环境下进行多属性评价的决策技术，才能获得良好的适应性。经过甄选，选取了多属性决策分析技术、模糊综合评价技术、主成分分析技术、博弈分析技术、基于案例的推理技术、系统结构分析技术等，作为本书介绍的主要内容。

　　本书的编著具体分工如下：郭继东老师撰写了第一章到第三章、第五章和第六章；程永高级工程师撰写了第七章和第八章；焦贺言老师撰写了第四章和第九章。郭继东、程永共同负责全书内容框架规划和全书统稿工作。

感谢防灾科技学院应急管理学院唐彦东教授、郗蒙浩教授和李海君副教授对本书在内容框架方面所提的建议，感谢防灾科技学院特色教材建设项目提供资助，感谢防灾科技学院的同事、同行以及家人们在本书写作过程中所给予的无私帮助和极大耐心。

由于编著者水平有限，本书不可避免地存在不足之处，望专家、读者能够不吝指正。

编著者

2023 年 1 月

目　次

第一章　绪论 ··· 1
　第一节　应急决策的内涵和构成要素 ··· 1
　第二节　应急决策的程序 ··· 3
　第三节　应急决策的分类 ··· 5
　思考题 ·· 6

第二章　多属性决策分析技术 ··· 8
　第一节　应用情境及引入案例 ··· 8
　第二节　多属性决策分析技术的特征及基本步骤 ······························ 11
　第三节　多属性决策分析模型及数据预处理 ···································· 13
　第四节　属性权重解析 ··· 17
　第五节　方案综合评价 ··· 21
　第六节　基于已知属性信息的决策分析技术 ···································· 22
　第七节　应用案例 ·· 26
　思考题 ·· 29

第三章　层次分析法 ·· 31
　第一节　应用情境及引入案例 ··· 31
　第二节　层次分析法的思想、模型和基本步骤 ································ 32
　第三节　模型分析求解 ··· 34
　第四节　应用案例 ·· 37
　思考题 ·· 39

第四章　模糊综合评价技术 ··· 40
　第一节　应用情境及引入案例 ··· 40
　第二节　模糊综合评价技术思想和基本步骤 ···································· 43
　第三节　应用案例 ·· 44
　思考题 ·· 50

第五章　数据包络分析技术 ··· 51
　第一节　应用情境及引入案例 ··· 51

第二节	数据包络分析技术的思想、模型和基本步骤	54
第三节	数据包络分析技术中决策单元有效性分析	56
第四节	应用案例	57
思考题		59

第六章 主成分分析技术 ... 61

第一节	应用情境及引入案例	61
第二节	主成分分析的思想	65
第三节	主成分的定义及其性质	66
第四节	主成分分析技术的步骤	68
第五节	应用案例	69
思考题		73

第七章 博弈分析技术 ... 75

第一节	应用情境及引入案例	75
第二节	博弈分析技术的思想和理论基础	76
第三节	博弈分析模型及求解	77
第四节	应用案例	82
思考题		84

第八章 基于案例的推理技术 ... 86

第一节	应用情境及引入案例	86
第二节	CBR 技术的思想、流程和特点	87
第三节	基于 CBR 的决策技术	89
第四节	应用案例	93
思考题		96

第九章 系统结构分析技术 ... 97

第一节	应用情境及引入案例	97
第二节	系统与系统结构分析的基本步骤	100
第三节	系统结构分析模型	101
第四节	系统结构分析	105
第五节	应用案例	107
思考题		111

参考文献 ... 114

第一章 绪 论

学习目标

(1) 掌握应急决策的内涵及构成要素，熟悉应急决策的过程。

(2) 理解基于应急决策要素的分类法，特别是基于不同层次应急决策问题的分类方法。

(3) 了解应急决策的特征，以及常见的基于应急决策特征的分类方法。

随着新兴应急决策技术的不断涌现，特别是计算机技术和网络通信技术的发展，人类社会能够采用比以往更加科学、更加精确的决策技术、方法和手段，来开展全灾种、全流程、全方位和全天候的应急管理工作。在一定程度上这些新兴技术正逐渐克服以往应急决策中，主要仰赖决策者经验、直觉和个人魅力等主观性超强的弱点。现代应急管理决策技术越来越科学、可靠，适用性越来越强，应用范围也越来越广，决策者应对突发灾害事件也变得越来越自信。

第一节 应急决策的内涵和构成要素

一、应急决策的内涵

决策就是做选择，或者说，是对已有方案进行评价或优化。应急决策，顾名思义，就是在应急情景下做出选择，或者说是应急管理中的决策过程。应急决策并非新鲜事物，中国远古神话传说中的盘古开天、伏羲氏教民熟食、女娲补天、后羿射日、大禹治水等，到后来的都江堰水利枢纽、长城的建造，地动仪的发明，还有历代奴隶封建王朝的占卜、祈福和赈灾救灾活动，再到近现代社会提出的应急管理理念和应急技术等，都是人类一脉相承地应对各类灾害事故的应急技术、应急工程和应急管理措施。所以说，应急决策研究的问题并不是新问题，应急决策使用的技术，也不是应急管理领域独创独享的技术。同时，应急决策要不断创新和与时俱进。面对现代风险社会灾害事故多发频发的特征，我们在经济、社会及科技领域的进步，又为应对突发灾害提供了坚强后盾和措施准备。应急管理学术界和实业界广泛吸收了各个学科，特别是管理科学和运营研究领域的各种技术、方法和手段，将其与应急实践中不同的应急情景相结合，就产生了一批具有普适意义的应急决策技术。

综上所述，应急决策就是面对各类突发灾害，应急管理者为了实现一定目标，在对已有备选应对方案进行合理评价基础之上，综合利用各种定性和定量相结合的方法，从中选择满意方案的过程。

二、应急决策的特征

应急决策是应急管理的核心。在应急管理各项职能中，应急决策都发挥着至关重要的作用，影响应急管理目标实现。应急决策具有如下特征：

（1）应急决策探讨适用于各类突发灾害的决策问题、决策过程和决策方法。

（2）应急决策不仅仅针对战时应急响应决策，而是涵盖突发灾害整个生命周期和应急管理全过程。

（3）应急决策是一个评价和优化相结合的过程。对备选应急方案效用的比较和评价，同时也是一个优中选优的优化过程。

（4）现代应急决策必然是定性分析建模和定量计算模拟相结合的过程。即决策人的目标，或决策方案的评价指标体系，必然依赖决策人的经验；而决策模型，必然要通过定量的分析、计算、仿真模拟等手段，来求得最终的满意解。

（5）应急决策的结果，一定会给出一个或多个令决策人满意的满意解，满意解的数量取决于决策方案的多寡、决策目标以及使用的决策技术。决策目标并非求得最优解，而是各种约束条件下，从现有可获得方案中得到的满意解。

（6）应急决策经历了从本能决策、经验决策到科学决策的一个发展历程。应急决策离不开人们的经验积累，以及对以往决策案例的数据收集、分析处理和提炼总结。

三、应急决策的构成要素

从应急决策的内涵可以看出，一个应急决策过程应该包含如下要素：

（1）应急决策者。应急决策者也可以叫应急管理者，是应急决策行为的主体，负责搜集、评价、计划和指挥应急行动方案，并对该方案可能产生的后果负责。应急决策者可以是个人或个体，也可以是对弈双方或多方，还可以是一个系统或群体。

不同的决策者，因其个人偏好、经验、决策目标，以及对待风险的态度不同，构建的决策模型也会存在一定差异。所以，应急决策者是应急决策过程中的一个重要因素。

（2）应急决策目标。进行应急决策的目的在于，降低灾害未发生之前的风险或灾害已经发生后的损失。但是在现实中，无论是政府、组织还是个人，可以调用的资源总是有限的，即在应急领域的投入（包括在应急工程技术、研发及管理方面人财物的投入），与经济社会发展存在资源竞争的关系。因此，应急决策的目标必定是多维度的，包括经济目标（成本最低、收益最大、投入产出比最高或诸如其他类似目标，比如避难疏散总时间成本最小等）、社会目标（最大化社会效益，诸如最大化灾民承载数量或最小化社会损失），有时还涉及环境目标，比如汶川地震应急救援过程中及行动结束之后，给灾区带来的大量垃圾等污染物，以及大量活动板房、应急器具未能及时回收等问题。对于多目标决策来讲，除非应急管理者对决策目标有可测量的偏好（赋予各个目标准确的权重），否则多目标决策一定不存在唯一最优解，而是一组帕累托最优解，在空间上，表现为一条帕累托前沿曲线或高维曲面。

如果说应急决策的目标只有一个，也是合理的，即找到一个或一组能够令应急管理者满意的方案组合。

（3）应急行动方案。如果应急管理者拥有的最大化资源组合，只能够应对最低限度的突发灾害，那么就不需要应急决策了，也不存在优化和评价的必要了。对于应急管理者来讲，应急行动备选方案必定是越多越好，最好能够连续覆盖所有类型、所有级别的灾害，但这并不现实。因此，有经验的应急管理者会不断积累突发灾害应对成功或失败的案例，不断扩大自身的应急行动方案库，并且抓住关键资源需求，进行资源积累，同样也是为了扩大备选方案的数量。

应急行动方案有时存在于一个连续区间中，称为应急行动空间，特别是对于时间等不可分割的资源，还有水、血浆、空气，包括人－机－物等资源，也常常可以被近似看作是连续参变量，此时的应急行动方案则是无限的，这也为寻找满意解带来一定难度。

（4）应急决策环境。常规决策中，决策者面临的环境往往是不确定的。比如在报童模型中，报童所面临的报刊零售市场，它的需求呈现离散型概率分布形态。在应急决策中，这种不确定性更加明显，因为突发灾害本身会随着时间及其他条件因素的变化而不断演化，应对灾情所需要的资源也自然会不断变化。

人们把应急决策所处的环境因素称为状态空间。状态空间可能是连续的，也可能是离散的，甚至是二元的；每种状态下的概率可以是已知的，也可能是完全未知的。

应急决策的4个要素都会极大影响应急方案的选择和执行的效果，是任何一个决策过程不可或缺的。

当然，不同行动方案在不同状态或环境下，会产生不一样的结局，而根据应急决策者风险偏好的不同，这些结局又会为应急决策者带来不一样的效用；另外，应急决策过程中使用的技术路线、应急决策者的决策目标进一步细化后的决策准则等，都代表着不一样的应急决策问题或应急决策过程，因此理应作为应急决策因素，这些争论暂且搁置。

第二节　应急决策的程序

一般认为，常规决策有固定的程序可以遵循，而应急决策因为事发突然，或者面对的是新问题或新情况，并没有固定的决策程序或路径可以依赖。这种观点对于狭义的应急决策，即在紧急状态下的快速响应决策，可以说是正确的。随着应急决策内涵的延伸，尤其是在"全灾种、大应急"背景下，应急决策的内涵已经拓展到突发灾害的全生命周期和应急管理的全过程，即全灾种、全过程、全方位和全天候的大应急决策，那么，这种认识就不再正确。曾经的应急决策，当其被证明行之有效的时候，就变成了常规决策；而当常规决策的环境出现了突变时，常规决策也可能转化为应急决策。幸运的是，即便对于全人类来讲，出现了一种全新的灾害大类，我们也有一般化地分析解决问题的步骤。

应急决策过程是一个"提出问题－分析问题－解决问题"的过程，不管对于应急工程技术项目，还是应急科技研发项目，抑或是应急管理类软项目，这个过程始终是不变的。此外，我们应该注意到，灾害或致灾因子、承灾体、人类的自救互救行为，构成了一个有人类活动参与的复杂系统。在这个系统中，只有人类具有主观能动性，能够通过应急管理决策来降低灾害风险。分析这样一个复杂系统中的应急决策问题，我们可以借鉴美国系统工程专家霍尔（Arthur D. Hall）和英国学者切克兰德（Peter Checkland）提出的系统分析方法论，给出如图1-1所示的应急决策的程序。

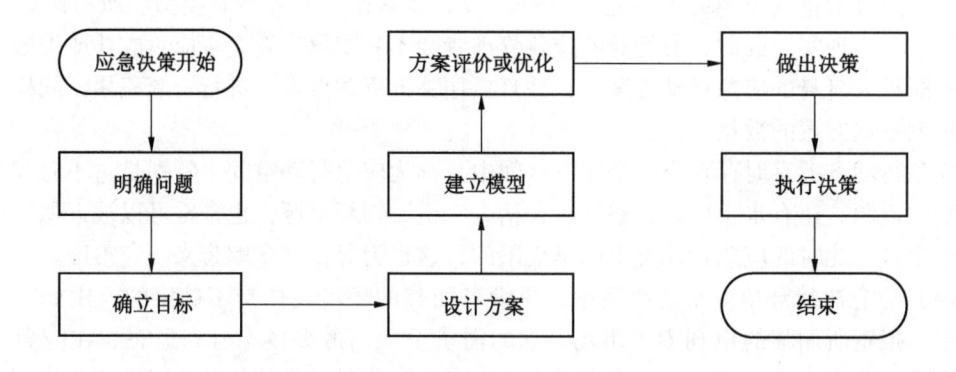

图1-1 应急决策的程序

从图1-1可以看出，应急决策可以是一个结构化、程序化的过程。美国经济学家西蒙（Herbert Simon）认为，决策问题是否结构化，决定了管理决策是否可以程序化。因此，能够将应急管理者面对的对象或问题结构化，是应急决策逐渐走向科学化的关键。

（1）明确问题。应急决策始于应急问题的出现，"上工治未病"，我们要主动寻找灾害源，下好先手棋，打好主动仗，把灾害风险控制到可接受水平。明确问题就是要找到灾害源，发现致灾因子-承灾体这一对对立统一体中所蕴含的主要矛盾，搞清楚灾害形成过程中主要矛盾或矛盾主要方面的结构化程度，并争取把它结构化地表达出来，为未来可能的程序化决策，解决同样的一个类别的问题打下基础。

（2）确立目标。应急决策的目标是多维度的，社会效益最大化是其最基本、最重要的目标，同时还要兼顾经济效益和环境效益。对于政府应急管理者来讲，无论采用何种应急方案都具有社会公益的性质，社会效益自然是第一位的。对于组织来讲，社会效益最大化体现在为组织成员提供足够的健康、安全和卫生保障。

有时候，对于一类问题，决策仅含有有限的应急方案，且每一个应急方案本身具有多种固有属性，这些属性又恰恰是应急决策者需要关注的，这时可以把这些属性看作是实现应急决策目标的指标体系，或看作决策的子目标或准则。

（3）设计方案。按照应急决策者设定的目标和现实约束条件，努力寻求一切可行的应急行动方案。这个过程一方面仰赖个人和组织的知识储备，以及在过去应急工作中的经验积累，另一方面也需要发挥各类人员的创造性和主观能动性，积极组织调研、分析和论证，尽可能多地收集应急决策所需要的信息。方案设计需要大量人力物力财力支出，亦将耗费巨大的时间成本，灾害处置结构化案例库的建立和完善，提供了一个很好的思路，可以减轻未来这方面的工作。

（4）建立模型。在实现应急管理决策程序化之前，应急管理者更愿意强调应急决策过程的艺术性，根据局限于决策者本人掌握的知识、经验及信息，做出"拍脑袋"型的盲目决策，而这些知识和经验并没有传递给应急管理工作的继任者或协作者，造成应急知识和经验因人而存，又因人而亡。科学化决策要求将决策问题结构化、决策过程程序化，最常见的就是借助各类物理模型、E-R图模型、数学模型和计算机仿真模型等来实现，尤以后两种模型最为常用。有些社会系统、生物系统难以采用完全定量的数学模型来表达，但也常常会用定性和定量相结合的方法加以实现。

无论是哪种模型，都试图刻画出系统要素、要素之间的相互作用关系和约束条件，一般包括假设、变量/参数设置、目标及约束条件等式或不等式方程等。有时候需要了解变量/参数对于系统最终绩效的影响，还需要进行系统模拟仿真。

（5）方案评价或优化。根据应急决策者的目标，或细化后的子目标、准则或指标体系等，应用科学方法和有效手段对所有方案进行评价、比较、排序，最后根据需要选定若干满意方案。

在这个过程中，保证每个方案在多维度准则下可以进行综合评价十分必要。这就牵涉方案的数据预处理，只有这样，各个方案之间才能做出比较和选择。

（6）做出决策。在对各个方案做出评价基础之上，由应急决策者最终确定应急行动方案，这里面又用到了个人的知识、经验及决策风格。应急决策者可以确定唯一最优的方案，或者选择若干令其满意的方案，或者全部方案均入选最终行动方案，但有一定优先次序等。这个过程应急决策者不仅要相信科学决策，同时也要有果敢的勇气和敏锐的判断力。

（7）执行决策。为了保证应急决策目标的实现，需要确保应急决策方案能够按照计划实施并实时纠偏。对于应急行动方案执行的效果，也要在应急行动结束后进行评价和总结，并最终形成经验和知识，存储到案例库中去。

上述应急决策程序，其实是一个闭环，每次决策的结束也都为下次决策提供了一个新鲜案例。应急决策程序前后紧密衔接、环环相扣，但也不应拘泥于这个步骤，有些步骤之间存在交叉重叠、同步进行。例如：寻找可能行动方案，也可能会影响前面设定的目标和准则，或者在行动结束以后，再修订校准目标和行动方案等。

第三节 应急决策的分类

对应急决策（问题或过程）进行分类，有两种分类法：一种是根据应急决策构成要素的不同分类，这是形成不同应急决策的本质或内因；另一种是根据应急决策的特征或外在表现分类，这是形成不同应急决策的现象或外因。

一、依据应急决策构成要素分类

我们已经知道，应急决策主要有4个要素构成，分别为应急决策者、应急决策目标、应急行动方案和应急决策环境。

（1）依据应急决策者分类。根据应急决策者的身份特征，可以将应急决策分为个人应急决策者、组织应急决策者和政府公共应急决策者。

也可以根据应急决策者的数量，将应急决策分为应急单人决策、应急双人决策（对策）、应急群决策等。

也可以根据应急决策者的风险偏好，将应急决策分为风险规避型应急决策、风险中性应急决策和风险喜好型应急决策。

（2）依据应急决策目标分类。根据应急决策目标的数量，可以将应急决策分为单目标应急决策和多目标应急决策。

也可以根据应急决策目标设定的时间远近，将应急决策分为短期决策、中期决策和长期决策。一般地，短期、中期和长期决策时间段分别为1年以内、1~5年和5年以上。

（3）依据应急行动方案分类。根据应急行动方案是否存在连续方案空间（或方案池），可以将应急决策分为离散型应急决策和连续性应急决策。

（4）依据应急决策环境分类。根据应急决策环境的不确定性特征，可以将应急决策分为确定型决策和不确定型决策，后者又可进一步细分为风险型决策和完全不确定型决策，此二者不同之处在于，风险型决策中不同状态的概率分布已知，而完全不确定型决策面临的是没有先验概率的状态空间。

二、依据应急决策的特征或外在表现

应急决策的特征或外在表现非常多，这里仅介绍几种常见的分类方法。

（1）根据应急决策问题是否结构化，将应急决策分为程序化应急决策和非程序化应急决策，高度程序化的应急决策也可以转化为非应急常规决策。

也可以根据应急决策问题的重要性，将应急决策分为战略应急决策、策略（战术）应急决策和日常应急决策。

（2）根据应急决策是否独立或连续，可以将应急决策分为静态（单项）决策和动态（序贯）决策。动态决策指需要做出一连串的应急决策，前面已经做出的决策会影响后面的决策。

（3）根据应急决策时的信息是否完全，可以将应急决策分为完全信息应急决策和不完全信息应急决策。

（4）根据应急决策使用的技术是定性还是定量，可以将应急决策分为定性应急决策、半定量应急决策、定量应急决策等。

根据应急决策技术自身的不同，可以将应急决策技术分为多指标决策分析技术、数学规划技术、博弈分析技术、系统结构分析技术、人工智能分析技术和其他软科学分析技术等。

此外，还有根据灾害类别不同、灾害演化发展四阶段不同等对应急决策进行分类，在此不再赘述。

思考题

1. 群应急决策（group emergency decision）是当前应急管理的主要研究方向之一。试查找相关资料，阐述在面对突发事件时，由专家组开展群应急决策的特征、基本流程以及对于诸多专家意见（打分）的处理方式。

2. 根据应急决策基本流程，描述在你面临毕业时，如何最终确定一家心仪的企业，给出你的目标、指标体系及方案优劣比较方法等。

3. 在诸如地震、洪水灾害发生后，需要紧急向灾区灾民提供应急物资救助，这种救助的目标是什么？救助成功的衡量指标如何设置？

第二章 多属性决策分析技术

学习目标

（1）掌握定性指标定量化技术，以及指标观测值标准化技术，特别是线性比例变换、极差变换、归一化和利用效用函数标准化技术。

（2）掌握所有的主观和客观权重解析技术及其具体步骤，重点掌握变异系数法、相关系数法和 TOPSIS 技术等。

（3）理解并熟悉评价指标体系建立的方法和过程，能够初步针对熟悉的问题建立评价指标体系。

（4）了解多属性决策方案之间不能够直接比较的原因，多种应急决策评价技术的思想、产生背景和应用情境。

在应急管理中，所有碰到的问题几乎都是多属性决策问题或多目标优化问题，前者是评价技术，后者是优化技术。评价和优化不分家，评价就是优化，优化也是评价。在多目标优化过程中，对于多个目标的处理，和多属性评价问题的处理完全一样，只不过多目标优化问题存在帕累托曲面或曲线，而多属性评价问题只是有限的帕累托方案。

多属性决策分析技术，也叫多指标决策分析技术，这里的属性指的是应急决策方案的属性。方案可能是一系列行动，也可能是场所、物资、企业或人等，这些方案对外表现出一些特征，或者说，这些方案之所以能够比较，就是因为这些特征。从方案的角度，我们把这些特征称为属性，而从应急决策者的角度，也可以把这些特征看作是决策者所关注的指标。

第一节 应用情境及引入案例

多属性决策分析技术，因其模型简单易懂、分析过程结构化、技术路线组合丰富等一系列优势，在应急管理领域得到广泛应用。下列给出多属性决策技术在应急领域成功应用的若干情境，随后还会给出两个引入案例。

一、多属性决策分析技术在应急领域的应用情境

情境1：应急预案评估；
情境2：应急处置方案的评估；
情境3：应急供应链绩效评价；
情境4：应急车辆调度和路径优化决策；
情境5：群体性事件应急管理绩效评价；

情境6：应急产品/服务供应商评价与选择；
情境7：自然灾害风险（或脆弱性）评估；
情境8：应急物流系统的快速响应能力评估；
情境9：网络舆情突发事件的排序选择问题；
情境10：应急避难场所（救援中心、物流配送中心或中心仓库）选址。

二、引入案例

为了更好地认识多属性决策分析技术，我们先来看两个具体的引入案例。

[**案例1**] 石家庄市避难场所选址。

石家庄市为地震全国重点防御城市，具有境内活断层情况复杂、人口密度高、经济发展迅速等特点，防震减灾任务繁重。石家庄市目前规划建设了9处应急避难场所，包括7个公园、1个露天广场和1个活动中心，见表2-1。研究者对这9个避难场所的适宜性进行了评价，以供政府决策者参考。

表2-1 石家庄市现有应急避难场所情况

编号	名称	占地面积/10^4 m²	有效面积/10^4 m²	具体位置
1	水上公园	38	25.7	联盟路43号
2	省儿童少年活动中心	8.4	7.5	新华路275号
3	裕西公园	32.7	27.2	中山西路698号
4	西清公园	5.85	5.3	裕华西路与红旗大街交叉口
5	中山广场	2.5	2.1	中山西路与中华大街交叉口
6	平安公园	3.38	3.1	裕华东路63号
7	长安公园	15.6	14.7	中山东路205号
8	东环公园	18	9.6	谈固东街与南二环交叉口
9	丁香园	7.33	4.2	谈固南大街与东岗路交叉口

首先，研究者们从避难场所的有效性、可达性和安全性3个方面入手，细化了应急避难场所的属性集或评价指标集；其次，把9个避难场所视作备选方案，通过构建适宜性评价指标体系，并搜集方案数据，形成了所谓的决策模型。石家庄市避难场所适宜性评价指标体系见表2-2。

表2-2 石家庄市避难场所适宜性评价指标体系

编号	有效性指标				可达性指标			安全性指标	
	出入口个数/个	可容纳人数/人	开放空间比/%	道路评分/分	最近医疗机构/km	最近消防据点/km	最近公安机关/km	危险源距离/km	建筑物高度/km
1	4	250000	0.6763	8	2.8362	1.0432	0.2961	1.3492	0.0836
2	5	70000	0.8929	8	0.8959	1.2951	1.1036	1.5399	0.11

表2-2（续）

编号	有效性指标				可达性指标			安全性指标	
	出入口个数/个	可容纳人数/人	开放空间比/%	道路评分/分	最近医疗机构/km	最近消防据点/km	最近公安机关/km	危险源距离/km	建筑物高度/km
3	3	270000	0.8318	8	2.9977	4.7647	1.2071	0.5978	0.1104
4	2	50000	0.906	9	1.1431	2.2197	0.6876	0.9703	0.1232
5	3	20000	0.84	8	0.6329	1.8511	0.6944	1.8993	0.123
6	2	30000	0.9172	8	1.4527	1.3073	0.5128	0.4328	0.08
7	6	140000	0.9423	8	0.7748	0.7158	0.4215	1.4122	0.1376
8	3	90000	0.5333	10	3.193	1.8212	0.6077	0.4289	0.1518
9	2	40000	0.573	8	0.6851	3.499	1.9938	1.1218	0.1254

其次，数据分析处理，具体过程暂且不论。

最后，给出了每一个方案的综合评价值或决策值，其实就是方案在指标体系上的总得分。在给定评价标准（决策值范围）下，避难场所1、2和7选址非常适宜，3、5也比较适宜，但是，其他4个避难场所4、6、8和9在当前条件下不适宜作为避难场所，同时还给出了不适宜作为避难场所的具体原因，也提出了解决问题措施建议。

[案例2] 核事故应急决策方案评价。

类似切尔诺贝利核事故一样，核泄漏灾难对社会、环境和工作人员都造成了极大危害，也对社会公众心理和健康带来巨大影响。研究者们设定了应急决策的总目标，即核事故发生后造成的影响最小，根据核事故应急特点，构建了核事故多属性应急决策模型。其中，核事故应急决策属性集如图2-1所示。

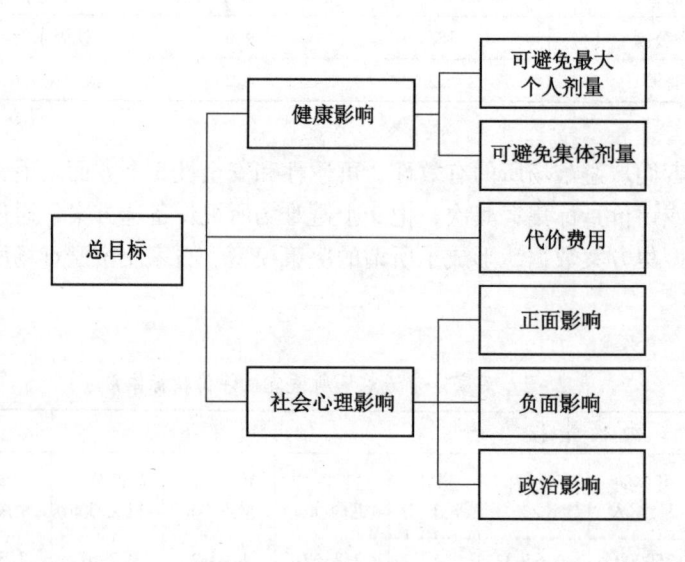

图2-1 核事故应急决策属性集

假设核事故发生后的应急行动方案共有5个，用 $S_1 \sim S_5$ 来表示，含义如下：

S_1——不采取任何措施；

S_2——核设施25 km以内人员隐蔽，同时服食碘片；

S_3——烟云到来前，撤离核设施11 km以内人员，11～25 km以内人员隐蔽并服食碘片；

S_4——核设施25 km以内人员隐蔽，所有可能受影响地区人员服食碘片；

S_5——烟云到来前，可能受影响地区人员隐蔽，服食碘片；待烟云过后，撤离核设施20 km以内人员。

有了属性集和方案，需要调查受影响人口，计算需隐蔽、撤离人员数量和发放服食碘片剂量，并邀请专家对不同方案造成的心理影响和社会影响进行估算，之后建立决策矩阵，也就是核事故应急决策模型（假设采用最乐观估计法得到的数据），见表2-3。

表2-3 核事故应急决策模型

策略	可避免最大个人剂量/mSv	可避免集体剂量/10^4 mSv	代价费用/10^6 元	社会心理正面影响（0～100）	社会心理负面影响（0～100）	政治影响（0～100）
S_1	0	0	0.1	0	30	20
S_2	1000	80	1.6	100	0	0
S_3	1000	120	22.0	10	90	0
S_4	1000	150	2.2	10	80	20
S_5	1200	130	160.0	0	50	80

数据计算分析过程暂时不论。根据研究者最后对各个方案的计算结果来看，方案2是最佳方案，方案3次之，其后依次是方案4、1和5。为什么方案2最好，也可以从其属性得分以及属性权重上找到答案，这里暂且不做讨论。

第二节　多属性决策分析技术的特征及基本步骤

多属性决策分析技术是多目标决策技术的一种，属性也可以看作是总目标细化后的子目标。这些属性之间存在这样的特征：它们不仅量纲不同（不可公度性），甚至在方向上还不一致，或即使方向、量纲都一致，在对总目标的贡献上也存在差异（矛盾性）。而多属性决策分析技术，正是设法解决属性之间的这些差异，并根据不同方案的综合评价结果，最终确定出适宜方案的。假设有这么一个决策问题：某城市为了提升应急管理能力，计划通过期权契约与满足要求的应急物资供应商签订采购协议。政府作为应急决策者，其目标当然是确保能在灾害发生后，立即筹措到充足的救灾物资供应。为此，政府着重考察供应商两个方面的属性，即供货提前期和成本，市场上一共存在6家此类应急物资的备选供应商。

图2-2 应急物资备选供应商

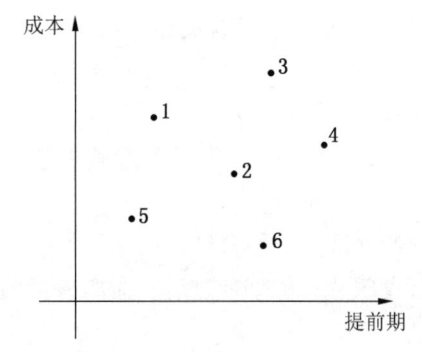

在该决策问题中，如果供应商供货提前期为0，相当于政府随时可以从现货市场采购，就没必要签订期权契约了；如果政府财力雄厚，也可以与6家备选供应商全部合作。然而，现实是政府不仅需要考虑成本，且供应商的供货提前期和成本也大相径庭。一般来讲，供货提前期越短，成本就会越高，这两个目标具有一定矛盾性。还有，成本可以用货币直接度量，提前期却只能用天数来度量，这二者的量纲也是不一致的，存在不可公度性。在图2-2中给出了6家备选供应商的属性。

因为只有2个属性，我们可以在图2-2上直接进行分析。相对供应商5来讲，供应商1、2、3和4都是更差的选择，因为其提前期更长且成本更高；供应商6的提前期更长，但成本却降低了。所以，供应商5和6，都是我们的帕累托最优解，目前，我们尚不能比较它们，也就不能确定孰优孰劣了。

思考：如果把横坐标轴换成"性能"，试再作分析。

一、多属性决策分析技术的特征

（1）不同的应急决策者即使决策目标相同，也会出现不一样的属性集，可以说，多属性决策是非常个性化的决策。

（2）在属性集中，各属性之间具有矛盾性和不可公度性，这就需要在确定备选方案池后，开始考虑解决这些差异。

（3）对于不同应急决策者，属性集中的属性对总目标的贡献程度也存在差异性。

（4）要对备选方案做对比分析，就必须找到一个综合评价指数，充分考虑各属性之间的差异性。

二、多属性决策分析技术的基本步骤

（1）确定属性集。没有足够的结构化案例数据，这一步骤近乎完全靠定性分析，主要取决于应急决策者的目标、偏好、知识和经验。当然，也有一些技术，可以使该定性分析更加科学和结构化，如头脑风暴法（brain storming）、专家意见法或德尔菲法、层次分析法（analytical hierarchy process，AHP）、解释结构模型法（interpretative structural modelling，ISM）等。当然，在案例数据足够情况下，也可以借助统计分析工具，比如主成分分析技术（principal components analysis，PCA）来获得所需要的属性。

（2）建立决策矩阵（模型）。有了属性集，接下去就要搜集尽可能多的备选方案，备选方案应尽可能地在某些属性上存在较大差异性，以保证能够充分区分。有了属性和方案，就可以建立决策矩阵，也就是决策模型。通过以上两步，我们所需的决策4要素就具备了。

（3）数据预处理。决策矩阵数据预处理，又称为标准化，指的是在同一属性上，把不同方案在该属性上的取值作为观测值，而进行的一系列数据分析处理过程。经过数据预

处理后的决策矩阵，被称为标准化决策矩阵。

数据预处理的目的有两个：一是将定性数据定量化；二是消除不同属性在量纲和数量级上的差异。一般地，标准化决策矩阵中的所有数值均位于［0，1］闭区间上。

（4）计算属性权重。前文已经提到，各个属性在支撑应急决策者总目标实现方面，所发挥的作用存在差异。比如，在应急物资备选供应商遴选这个问题上，有些决策者注重成本属性，有些更加注重供货提前期属性，还有一些可能关注供应商本地化程度等属性。对于不同的应急决策者，对于不同的应急决策目标和决策环境，这些属性的重要性（即权重），都不相同。

计算属性权重的过程称为权重解析，主要存在两类技术：一类是依赖专家学者经验的主观权重解析技术；另一类是依赖备选方案自身数据特征的客观权重解析技术。如果备选方案足够多，我们期望采用客观权重解析技术，因为主观权重解析技术不稳定，甚至不太可靠。

（5）综合评价。在标准化决策矩阵基础上，根据已经求得的属性权重，就可以采用加权平均方法，求出一个方案在属性集上的综合得分，该得分为该方案的综合评价值。一个方案的综合评价值越高，应急决策目标越有可能达到，应急决策者也越满意。

（6）备选方案优先排序。根据备选方案综合评价值的高低，可以对所有备选方案进行排序，方便应急决策者从高到低依次选择最终方案组合。

第三节　多属性决策分析模型及数据预处理

一、多属性决策分析模型

为了构建通用多属性决策模型，我们需要进行如下符号约定。

s_i——第 i 个备选方案，$1 \leq i \leq m$；

a_j——第 j 个属性，$1 \leq j \leq n$；

决策矩阵 $\boldsymbol{D} = (x_{ij})_{m \times n}$，则展开后的决策矩阵为

$$\boldsymbol{D} = \begin{bmatrix} x_{11} & x_{12} & \cdots & x_{1j} & \cdots & x_{1n} \\ x_{21} & x_{22} & \cdots & x_{2j} & \cdots & x_{2n} \\ \vdots & \vdots & & \vdots & & \vdots \\ x_{i1} & x_{i2} & \cdots & x_{ij} & \cdots & x_{in} \\ \vdots & \vdots & & \vdots & & \vdots \\ x_{m1} & x_{m2} & \cdots & x_{mj} & \cdots & x_{mn} \end{bmatrix} \begin{matrix} s_1 \\ s_2 \\ \vdots \\ s_i \\ \vdots \\ s_m \end{matrix}$$

$$\quad\quad a_1 \quad a_2 \quad \cdots \quad a_j \quad \cdots \quad a_n$$

这就是包括了所有决策要素的决策矩阵（模型），所有的分析计算都是基于该决策矩阵进行。

尽管建立了决策模型，包括所有可行方案及其属性，但是我们发现，除了常见的数值型数据（定量数据），可能会存在多种数据类型，如一些文字描述型或不确定型的语言描

述类数据（定性数据），并且在不同属性之间，观测值的量纲和数量级也存在较大差异。为此，在比较不同方案优劣之前，就需要对决策矩阵中属性数据进行预处理。数据的预处理包括定性属性定量化和属性标准化两类操作。

二、数据预处理

多属性决策分析技术需要对样本数据进行处理，包括定性属性定量化和数据标准化。

1. 定性属性定量化

在收集应急方案的时候，有些属性不能用定量化数值表示，而只能用文字定性描述。为了后续数据处理便利，需要将这些定性数据转化为定量数据。

如果属性数据只有两种结果，比如在考察社区消防应急能力时，对于属性"是否制定有社区消防专项应急预案"，就只能回答"有"或者"没有"，转化为定量数据时可采用0或1二元数据。更多的情况，属性的观测值表现为一些表达程度大小的定性数据，比如对于"应急管理水平""地质条件"和"产品质量或性能"等属性，观测值也只能是"非常好（高、大等）""较好""一般""较差""非常差"等一些五段式（或三、七、九段式）模糊表达。要将这些模糊定性观测值转化为定量数据，需要借助语言评价尺度（度量），如图2-3所示。

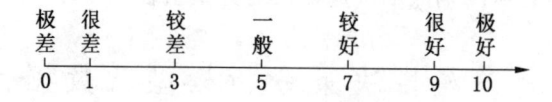

图2-3 定性属性定量化尺度图

需要指出的是，图2-3仅适用于描述正向属性（指标），正向属性（指标）也称效益属性（指标）。所谓正向，是指属性对于应急决策总目标的作用贡献是积极正面的，和总目标是同方向增减的。负向属性（指标），又称为成本属性（指标），是指属性对于应急决策总目标的作用贡献是消极负面的，和总目标是此消彼长的关系，表现在定性属性定量化尺度图上，保持描述尺度不变，只需要将图2-3中的刻度，或者属性程度中的某一分值，以代表程度"一般"的中间刻度"5"为中心轴，左右镜射一次就可以了。

定性属性还有一个问题，就是有些属性，表面看着是定量化的数据，其实还是描述型的定性属性，比如"突发事件发生的时间"；同时，这些属性也无所谓正向、负向，但其对于降低灾害风险和社会损失，却又非常重要。再比如，还有一类属性，像不同性别或性别比例，对个体或群体应急能力的影响，恐怕也不完全是正向或负向的，甚至影响的机制还不太明确。对于这类属性，一般是根据原始数据，人为判定其对于应急决策总目标的作用方向或程度，也可以借助西方经济学中常用的效用函数的办法，将其转化为定量数据，具体的这里不再赘述。

2. 数据标准化

数据标准化的目的，就是消除不同属性的观测值在量纲和数量级上的差异；数据标准化的结果，是将所有属性的观测值处理到数值区间[0，1]上。

数据标准化技术有很多，这里仅列举几种常用的技术，包括线性比例变换、极差变换、向量规范化、正态化、非线性比例变换或借助效用函数的技术。所有数据处理和转换仍在决策矩阵 $\boldsymbol{D}$ 上进行，设标准化后的决策矩阵为 $\boldsymbol{Z}=(z_{ij})_{m\times n}$。

1）线性比例变换

若属性 j 为正向属性，则

$$z_{ij} = \frac{x_{ij}}{x_j^{\text{Max}}}$$

其中，

$$x_j^{\text{Max}} = \underset{1\leq i\leq m, \forall j}{\text{Max}}(x_{ij})$$

若属性 j 为负向属性，则

$$z_{ij} = \frac{x_j^{\text{Min}}}{x_{ij}}$$

其中，

$$x_j^{\text{Min}} = \underset{1\leq i\leq m, \forall j}{\text{Min}}(x_{ij})$$

可以看出，经过线性比例变换处理后，属性 j 的最大值为 1，但最小值一般不为 0。

2）极差变换

若属性 j 为正向属性，则

$$z_{ij} = \frac{x_{ij} - x_j^{\text{Min}}}{x_j^{\text{Max}} - x_j^{\text{Min}}}$$

若属性 j 为负向属性，则

$$z_{ij} = \frac{x_j^{\text{Max}} - x_{ij}}{x_j^{\text{Max}} - x_j^{\text{Min}}}$$

其中，

$$x_j^{\text{Max}} = \underset{1\leq i\leq m, \forall j}{\text{Max}}(x_{ij}) \qquad x_j^{\text{Min}} = \underset{1\leq i\leq m, \forall j}{\text{Min}}(x_{ij})$$

可以看出，经过极差变换处理后，属性 j 上的最大值为 1，最小值为 0。

3）向量规范化

不论属性 j 的方向，即

$$z_{ij} = \frac{x_{ij}}{\sqrt{\sum_{i=1}^{m} x_{ij}^2}}$$

可以看出，经过向量规范化处理后，所有标准化属性值均在开区间（0，1）。此种处理的最大特点在于，同一个属性上的所有标准化属性值，其平方和为 1，即所有属性列向量的模为 1。

由于向量规范化不涉及改变属性的方向，因此它不适宜单独作为标准化技术，往往在其他技术标准化后，对数据做进一步令其向量模等于 1 的规范化操作。在计算不同方案之间，或者备选方案与正负理想点之间的欧式距离时，常用到向量规范化技术。

4）正态化转换

$$z_{ij} = \frac{x_{ij} - \bar{x}_j}{\sigma_j}$$

其中,

$$\bar{x}_j = \frac{1}{m}\sum_{i=1}^{m} x_{ij}$$

$$\sigma_j = \sqrt{\frac{1}{m}\sum_{i=1}^{m}(x_{ij} - \bar{x}_j)^2}$$

经过正态化处理,属性 j 的值就近似满足均值为 0,方差为 1 的正态分布了。但是,此时的属性值含有负数,需要做进一步的处理:

$$z_{ij} = \alpha \cdot \frac{x_{ij} - \bar{x}_j}{\sigma_j} + \beta$$

可知,经过进一步的正态化处理后,属性值的均值为 β,标准差为 α,设定合适的参数,就可以消除属性值上的负值。

5)非线性变换

数据的正态化转换也是一种非线性转换,但这里的非线性变换,主要指的是利用分段函数对那些无固定方向属性进行变换。

设某属性的最佳取值范围为 $[a, b]$,l 和 u 分别为该属性能够接受的最低和最高水平,则其非线性变换的函数为

$$z_{ij} = \begin{cases} \dfrac{x_{ij} - l}{a - l}, & l \leq x_{ij} \leq a \\ 1, & a \leq x_{ij} \leq b \\ \dfrac{u - x_{ij}}{u - b}, & b \leq x_{ij} \leq u \\ 0, & 其他 \end{cases}$$

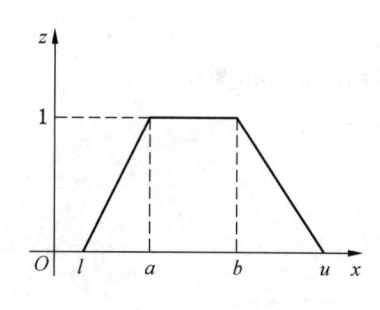

图 2-4 非线性转换函数

更直观地,上述函数其实是一个梯形分段函数,如图 2-4 所示。

举个例子:假设在对于某市洪水灾害应急准备能力的评价中,有"每千人冲锋舟储备数量"这个属性,根据经验,该属性最佳区间为"10~20 条",5 条和 50 条分别为该属性能接受的最低和最高水平,则可以构建图 2-4 所示的上梯形分段函数。有时,如果属性存在唯一最佳取值点,则梯形分段函数可以转换成三角形分段函数,公式如下:

$$z_{ij} = \begin{cases} \dfrac{x_{ij} - l}{a - l}, & l \leq x_{ij} \leq a \\ 1, & x_{ij} = a \\ \dfrac{u - x_{ij}}{u - a}, & a \leq x_{ij} \leq u \\ 0, & 其他 \end{cases}$$

6）基于效用函数转换

在国外文献中，多属性决策分析技术也常称为多属性效用理论，效用理论指的是冯·诺依曼－摩根斯坦提出的效用理论和效用函数。利用该理论，试图寻求所有决策属性的效用函数，之后利用效用函数就可以把属性转换到 0~1 之间，也可以实现前述转换函数的效果。但是，经济学告诉我们，每个人都有不同的偏好，也都有独特的效用函数，构建具有说服力的效用函数，本身就非常具有挑战性。

效用函数利用了心理学的研究成果，一般认为，人们实际得到的物品或服务数量，与人们能够感受到的效用变化，呈现一种自然指数或自然对数的关系。效用函数有很多类型，例如：

$$u = \lambda - \frac{r}{\theta} e^{-\theta x}$$

该效用函数有 λ、r、θ 3 个参数，通过该函数的特征点（即 $u=0$，$u=0.5$，$u=1$）得到这 3 个参数的 3 个方程，联立求解可得。

在决策属性标准化过程中，以上数据标准化技术可以混用（我们把除基于效用函数转换之外的其他几种技术标准化后的数据，也近似看成是应急决策者的效用）。

第四节　属性权重解析

在多属性决策分析技术中，各个属性对于决策目标实现的影响程度或作用是不同的，因此需要把不同属性的权重解析出来，即给属性赋权，以便于后期的综合评价过程。

权重解析技术基本上分为两类：主观权重解析技术和客观权重解析技术。主观权重解析技术主要是依赖专家的知识和经验，易于理解和掌握，但最大的缺陷在于不稳定、易于变化，受到人的各类情绪的影响；客观权重解析技术主要是根据已有方案数据的统计学特征，经过分析处理后得到的属性权重，具有较好的稳定性，并且不会因人而异。

一、主观权重解析技术

1. 德尔菲法

德尔菲法又叫专家意见法、专家调查法或专家背靠背打分法。与头脑风暴法不同，德尔菲法参与的专家一般是匿名和不见面的，互相看不到彼此的建议，但也有些时候，调查者会有意让专家了解其他专家的意见或结论，以修正自身的意见或建议。

德尔菲法的基本步骤如下：

(1) 根据应急决策涉及的知识范围，邀请专家并成立专家小组。

(2) 向所有专家提出要预测的问题及有关要求，同时附上该问题的所有背景材料，要求专家填表并书面答复。

(3) 专家根据材料和自己的知识经验等，形成自己的意见并提交。

(4) 将所有专家的意见汇总，并作比对分析，再次发给专家，专家此时可以修正自己的意见或判断。

(5) 重复 (4)，直到所有专家不再修正自己的意见为止。

（6）综合专家意见，形成最终结论。

假设有 k 个专家，专家意见汇总见表2-4。

表2-4 专家意见汇总表

专家	属性权重					
	a_1	a_2	...	a_j	...	a_n
	w_1	w_2	...	w_j	...	w_n
1	w_{11}	w_2	...	w_{1j}	...	w_{1n}
2	w_{21}	w_{22}	...	w_{2j}	...	w_{2n}
⋮	⋮	⋮		⋮		⋮
k	w_{k1}	w_{k2}	...	w_{kj}	...	w_{kn}

在表2-4中，存在如下数值关系：

$$w_j = \frac{1}{k}\sum_{l=1}^{k} w_{lj} \quad j = 1,2,\cdots,n$$

思考：与专家会议法或头脑风暴法相比，德尔菲法的优劣势。

2. 逐对比较法

逐对比较法又叫两两比较法或相对比较法。尽管我们不能确定各个属性的权重，但当属性两两比较时，我们能够感知谁会更重要一些。例如：如果属性 a_1 比属性 a_2 重要，则记为1，否则为0。请注意，属性自身与自身相比，记为1。基于这种理解，逐对比较法的计算分析见表2-5。

表2-5 逐对比较法计算分析表

属性	a_1	a_2	...	a_j	...	a_n	$\sum c$
a_1	1	c_{12}	...	c_{1j}	...	c_{1n}	c_1
a_2	c_{21}	1	...	c_{2j}	...	c_{2n}	c_2
⋮	⋮	⋮	1	⋮		⋮	⋮
a_j	c_{j1}	c_{j2}	...	1	...	c_{jn}	c_j
⋮	⋮	⋮		⋮	1	⋮	⋮
a_n	c_{n1}	c_{n2}	...	c_{nj}	...	1	c_n

在表2-5中，存在如下数值关系：

$$c_{ij} + c_{ji} = 1 \quad i \neq j,\ i,j = 1,2,\cdots,n$$

$$c_j = \sum_{i=1}^{n} c_{ji} \quad j = 1,2,\cdots,n$$

可得各属性的权重为

$$w_j = \frac{c_j}{\sum_{j=1}^{n} c_j}$$

3. 层次分析法（analytical hierarchy process，AHP）

层次分析法中的判断矩阵，也是一种解析权重的方法，它利用了"小球称重"的原理。

假设有 n 个小球，外观完全一样。我们只有一台标示有 9 级刻度的灵敏天平，却没有砝码。这就意味着，我们可以称得小球的相对重量，即孰轻孰重且重要程度如何，却不能完全获得小球的重量。比如，我们知道球 1 是球 2 重量的 3 倍，球 1 是球 3 重量的 2 倍……我们该怎么得到所有小球的重量呢？

我们首先利用天平，求得所有 n 个小球两两之间的相对重量，将结果记在矩阵 W 中。

$$W = \begin{vmatrix} \frac{w_1}{w_1} & \frac{w_1}{w_2} & \cdots & \frac{w_1}{w_j} & \cdots & \frac{w_1}{w_n} \\ \frac{w_2}{w_1} & \frac{w_2}{w_2} & \cdots & \frac{w_2}{w_j} & \cdots & \frac{w_2}{w_n} \\ \vdots & \vdots & & \vdots & & \vdots \\ \frac{w_j}{w_1} & \frac{w_j}{w_2} & \cdots & \frac{w_j}{w_j} & \cdots & \frac{w_j}{w_n} \\ \vdots & \vdots & & \vdots & & \vdots \\ \frac{w_n}{w_1} & \frac{w_n}{w_2} & \cdots & \frac{w_n}{w_j} & \cdots & \frac{w_n}{w_n} \end{vmatrix}$$

我们发现，可以对矩阵 W 做如下分析计算：

$$\begin{vmatrix} \frac{w_1}{w_1} & \frac{w_1}{w_2} & \cdots & \frac{w_1}{w_j} & \cdots & \frac{w_1}{w_n} \\ \frac{w_2}{w_1} & \frac{w_2}{w_2} & \cdots & \frac{w_2}{w_j} & \cdots & \frac{w_2}{w_n} \\ \vdots & \vdots & & \vdots & & \vdots \\ \frac{w_j}{w_1} & \frac{w_j}{w_2} & \cdots & \frac{w_j}{w_j} & \cdots & \frac{w_j}{w_n} \\ \vdots & \vdots & & \vdots & & \vdots \\ \frac{w_n}{w_1} & \frac{w_n}{w_2} & \cdots & \frac{w_n}{w_j} & \cdots & \frac{w_n}{w_n} \end{vmatrix} [w_1, w_2, \cdots, w_n]^T = n[w_1, w_2, \cdots, w_n]^T$$

根据矩阵特征值和特征向量的关系可知，n 就是矩阵 W 的特征值，而 $(w_1, w_2, \cdots, w_n)$ 就是矩阵 W 的特征向量。也就是说，我们只需要求得相对重要性矩阵 W 的特征向量，就可获得所有小球的重量。如果我们把小球换成研究对象，小球重量代表研究对象的属性权重，小球两两重量之比就是属性重要性相比，则求得的小球绝对重量，其实就是属性的权重了。

因为在后续章节将详细展开介绍层次分析法，这里仅简单介绍，不再做更多的讨论。

二、客观权重解析技术

1. 变异系数法

变异系数法的思想是，一个属性的变异程度越大，则所有方案在该属性上越容易被区分开来，即根据该属性对方案排序更加合理有效，因此应该赋予该属性更大的权重。

属性变异程度用变异系数来度量，其定义如下：

$$v_j = \frac{s_j}{\mu_j} \quad j = 1, 2, \cdots, n$$

$$\mu_j = \frac{1}{m}\sum_{i=1}^{m} x_{ij} \quad j = 1, 2, \cdots, n$$

$$s_j = \sqrt{\frac{1}{m}\sum_{i=1}^{m}(x_{ij} - \mu_j)^2} \quad j = 1, 2, \cdots, n$$

得到 v_j 后，仍需要对其进行归一化处理，最后得到各属性权重如下：

$$w_j = \frac{1}{n}\sum_{j=1}^{n} v_j \quad j = 1, 2, \cdots, n$$

请注意，使用变异系数法并不要求对决策矩阵进行标准化处理。

思考：属性的变异程度可不可以只使用属性观测值的方差度量。

2. 熵技术法

宏观热力学告诉我们，独立系统只会熵增，走向无序和混乱，"熵"就是一个衡量系统内部混乱或无序程度的变量，而"信息"与熵相反，是衡量系统内部有序程度的变量。如果把一个属性看作独立系统，其熵越大，信息越小，表明该属性提供信息量越少，则应该赋予越小的权重，反之则应赋予越大的权重。

熵技术法要求提前对决策矩阵进行标准化处理。要得到属性提供的信息，需利用下式计算属性的信息。

$$I_j = 1 - E_j \quad j = 1, 2, \cdots, n$$

式中，E_j 表示属性的熵，玻尔兹曼（Boltzmann）熵的计算公式如下：

$$E_j = -K\sum_{i=1}^{m}(P_{ij}\ln P_{ij}) \quad j = 1, 2, \cdots, n$$

式中，K 为常数，$0 \leqslant P_{ij} \leqslant 1$。

$$K = (\ln m)^{-1}$$

$$P_{ij} = \frac{z_{ij}}{\sum_{i=1}^{m} z_{ij}} \quad j = 1, 2, \cdots, n$$

请注意，$0 \leqslant I_j \leqslant 1$，仍需要对其进行归一化处理，才能得到属性最终的权重，计算公式如下：

$$w_j = \frac{I_j}{\sum_{j=1}^{n} I_j} \quad j = 1, 2, \cdots, n$$

3. 相关系数法

相关系数法的思想是，如果一个属性和其他属性都高度相关，则该属性可以用其他属性线性表示，该属性存在的合理性就大大降低了。只有那些和其他属性存在较弱相关关系时，该属性才应该被赋予比较高的权重。

相关系数法也是在标准化决策矩阵上进行的。特别地，该方法要求计算所有属性之间的相关系数矩阵 **R**。

$$R = \begin{bmatrix} & a_1 & a_2 & \cdots & a_j & \cdots & a_n & \\ r_{11} & r_{12} & \cdots & r_{1j} & \cdots & r_{1n} \\ r_{21} & r_{22} & \cdots & r_{2j} & \cdots & r_{2n} \\ \vdots & \vdots & & \vdots & & \vdots \\ r_{j1} & r_{j2} & \cdots & r_{jj} & \cdots & r_{jn} \\ \vdots & \vdots & & \vdots & & \vdots \\ r_{n1} & r_{n2} & \cdots & r_{nj} & \cdots & r_{nn} \end{bmatrix} \begin{matrix} a_1 \\ a_2 \\ \vdots \\ a_j \\ \vdots \\ a_n \end{matrix}$$

r_j 表示属性 j 与所有属性（包括它自身）之间的累计相关系数之和，u_j 表达的是属性 j 与所有属性（包括它自身）之间的累计不相关系数之和，或不相关性，而不相关性表达的就是该属性 j 提供的信息或者相对权重。

$$r_j = \sum_{i=1}^{n} r_{ij} \quad j = 1, 2, \cdots, n$$

$$u_j = n - r_j = \sum_{i=1}^{n} (1 - r_{ij}) \quad j = 1, 2, \cdots, n$$

对 u_j 进行归一化，就可以求得所有属性的权重：

$$w_j = \frac{u_j}{\sum_{j=1}^{n} u_j} \quad j = 1, 2, \cdots, n$$

4. 二项式系数法

二项式系数法并不使用决策矩阵或属性观测值的统计特征，也可以归类为一种定性的赋权方法。其思想是，首先判断所有属性的相对重要性，然后对其按一定形式排序，这种排序形式，特别类似于二项式展开后各项系数的特征，这也是该方法名称的由来。

首先，判断所有属性的相对重要性。可用两两比较技术，假设排序如下：

$$a_1 < \cdots < a_{2k-3} < a_{2k-1} < a_{2k} > a_{2k-2} > a_{2k-4} > \cdots > a_2$$

然后，将二项式展开后的各项系数，依次对应赋给上述排好序的属性，如下：

$$(1+x)^n = C_n^0 x^0 + C_n^1 x^1 + C_n^2 x^2 + \cdots + C_n^n x^n$$

各项系数为

$$C_n^0, C_n^1, C_n^2, \cdots, C_n^n$$

最后，再对权重归一化即可。

$$w_j = \frac{C_n^j}{\sum_{j=0}^{n} C_n^j} = \frac{C_n^j}{2^n}$$

思考：属性 n 为奇数或偶数时，权重系数存在的细微差异。

第五节　方案综合评价

经过分析建模、方案收集、数据标准化和权重解析之后，就进入了对所有方案进行综合评价、排序和选择执行的阶段。综合评价是为了给出一个方案的综合评价得分，或综合评价值。

$$S_i = \sum_{j=1}^{n} w_j z_{ij} \quad i = 1, 2, \cdots, m$$

方案排序和最终方案选择、资源分配等问题，将在后续案例中再行讨论。这里需要说明的是，除了上述多属性决策技术之外，我们还有其他一些多属性决策分析的技术，也能起到对方案进行综合评价的效果，并且它们一般不依赖于属性权重，或者是在先验的主客观权重基础之上结合其他已知属性信息的情况下进行方案评价，这种也称为基于已知属性信息的决策分析技术。

第六节　基于已知属性信息的决策分析技术

一、水平法

水平法也叫标准法，指的是为所有或部分属性设定一个最低可接受水平（标准），或一个期望达到的卓越水平（标准），前者称为满意或可接受水平法，后者称为期望水平法。

满意水平设置：

$$\underline{a} = (\underline{a_1}, \underline{a_2}, \cdots, \underline{a_j}, \cdots, \underline{a_n})$$

期望水平设置：

$$\overline{a} = (\overline{a_1}, \overline{a_2}, \cdots, \overline{a_j}, \cdots, \overline{a_n})$$

满意水平法当且仅当一个方案的所有或部分属性的属性值不低于满意水平中对应属性的属性值时，该方案就入选满意解。期望水平法当且仅当一个方案中至少存在一个属性的属性值不低于设置的期望水平中对应属性的属性值时，该方案入选满意解。

水平法不要求决策矩阵的标准化，且它只能剔除那些令决策者不满意的方案，却选不出最佳方案，因此常常会出现多个满意解并存的情况。

二、字典序法

这是一种在计算机优化领域常见的搜索规则。对于多属性决策分析技术来讲，字典序法意味着需要首先知道或者可以判断出，所有属性对于决策目标的重要性排序。字典序法重要性排序：

$$a_1' > a_2' > \cdots > a_j' > \cdots > a_n'$$

这里的属性 a_j' 并非原来的属性 a_j。我们按照上述排序，从最重要属性开始，依次考察每个属性下面不同方案的观测值的好坏，最佳观测值所对应的方案，就会入选满意方案；但是，如果在最重要属性上最佳观测值不止一个，就需要考察第二重要的属性，一直到能找到唯一最佳方案为止。理论上，字典序法也存在可能会有多个方案同时入选满意解的情况。

字典序法也不要求对决策矩阵进行标准化处理。

三、全排列法

全排列法的基本思想是，考察 m 个方案所有可能的排列，利用一种技术对排列的合理性进行评价，评价值最高的排列就是最合理的排列。

该方法假设决策属性存在先验权重，先验权重如下：

$$\boldsymbol{w} = (w_1, w_2, \cdots, w_n)$$

则其具体步骤如下：

（1）列出 m 个方案的所有 $m!$ 种排列。

（2）列出每一种排列的检验矩阵 $\boldsymbol{C}$。

假定第 i 种排列为 P_i：

$$P_i = (\cdots, s_k, \cdots, s_l, \cdots)$$

则该排列的检验矩阵为 $\boldsymbol{C}_i$：

$$\boldsymbol{C}_i = \begin{bmatrix} \cdots & \cdots & \cdots & \cdots & \cdots & \vdots \\ \cdots & \cdots & \neq & c_{kl} & \cdots & s_k \\ \cdots & \cdots & \cdots & \cdots & \cdots & \vdots \\ \cdots & c_{lk} & \cdots & \cdots & \cdots & s_l \\ \cdots & \cdots & \cdots & \cdots & \cdots & \vdots \\ \cdots & s_k & \cdots & s_l & \cdots & \end{bmatrix}$$

其中，

$$c_{kl} = \sum_{j \in J} w_j \quad k \neq l, 1 \leqslant k, l \leqslant m$$
$$J = \{j \mid x_{kj} \geqslant x_{lj}, \quad j = 1, 2, \cdots, n\}$$

（3）计算每一个检验矩阵 $\boldsymbol{C}_i$ 的评价标准值 R_i；评价标准值 R_i 等于检验矩阵 $\boldsymbol{C}_i$ 的上三角元素之和减去下三角元素之和，表达式为

$$R_i = \sum_{1 \leqslant k \leqslant l \leqslant m} (c_{kl} - c_{lk})$$

（4）最大评价标准值 R^* 所对应的检验矩阵假设为 $\boldsymbol{C}^*$，$\boldsymbol{C}^*$ 所对应的方案排列 P^*，就是最佳排列。

设 $R^* = \text{Max}\{R_i \mid i = 1, 2, \cdots, m!\}$，则其评价的检验矩阵所对应的排列就是最佳排列。全排列法并不要求对决策矩阵标准化。

思考：检验矩阵中元素的含义，以及评价标准值的含义。

四、线性分派法

线性分派法的基本思想是，把属性的先验权重看作一种随机概率，在 n 个属性上分别考察 m 个方案的排序，每个方案都有排在不同序号上的概率，概率最大者，当然表达了该方案的最佳次序，依次类推。

该方法假设决策属性存在先验权重，先验权重如下：

$$\boldsymbol{w} = (w_1, w_2, \cdots, w_n)$$

则其具体步骤如下：

（1）将所有方案对每个属性进行排序，并记录。
（2）定义优先序矩阵 π，则

$$\pi = (\pi_{ik})_{m \times m}$$

$$\pi_{ik} = \sum_{j=1}^{n} w_j \sigma_{ijk}$$

$$\sigma_{ijk} = \begin{cases} 1 & 若方案 s_i 在第 j 个属性上被排在第 k 位 \\ 0 & 其他 \end{cases}$$

（3）建立优先序矩阵，求所有方案对于每一个指标的最优总排序。按照运筹学中任务分配的解决思路求解（此时求最大）。

$$\pi = \begin{bmatrix} \pi_{11} & \pi_{12} & \cdots & \pi_{1i} & \cdots & \pi_{1m} \\ \pi_{21} & \pi_{22} & \cdots & \pi_{2i} & \cdots & \pi_{2m} \\ \vdots & \vdots & & \vdots & & \vdots \\ \pi_{i1} & \pi_{i2} & \cdots & \pi_{i3} & \cdots & \pi_{im} \\ \vdots & \vdots & & \vdots & & \vdots \\ \pi_{m1} & \pi_{m2} & \cdots & \pi_{mi} & \cdots & \pi_{mm} \end{bmatrix} \begin{matrix} s_1 \\ s_2 \\ \vdots \\ s_i \\ \vdots \\ s_m \end{matrix}$$

$$\begin{matrix} 1 & 2 & \cdots & i & \cdots & m \end{matrix}$$

如果在某一个属性上，有若干方案发生了排序重合，则根据重合的方案的数目，将该属性对应的先验权重平均分配，将一个属性分为若干子属性，在不同子属性下，让这些重合方案有先有后重新排序，不再出现重合问题。

思考：优先序矩阵中元素的含义。

五、ELECTRE 法

ELECTRE 法是其法语全称的缩写，直译为淘汰选择技术，又称为和谐性分析方法、优劣系数法等。该方法的基本思想是通过构造一系列的弱支配关系来淘汰劣方案，逐步地缩小方案集，直到决策者能从中选出最满意的方案为止。

该方法同样假设已知所有属性的先验权重，即

$$w = (w_1, w_2, \cdots, w_n)$$

则其具体步骤如下：

（1）决策矩阵标准化 $Z \Rightarrow R$。根据标准的 ELECTRE 方法流程，标准化包括了常规的比例转换及归一化标准化，使每个属性值向量具有单位模。

（2）计算加权标准化矩阵 V，过程如下：

$$V = (v_{ij})_{m \times n} = \begin{bmatrix} w_1 r_{11} & w_2 r_{12} & \cdots & w_i r_{1i} & \cdots & w_n r_{1n} \\ w_1 r_{21} & w_2 r_{22} & \cdots & w_i r_{2i} & \cdots & w_n r_{2n} \\ \vdots & \vdots & & \vdots & & \vdots \\ w_1 r_{i1} & w_2 r_{i2} & \cdots & w_i r_{i3} & \cdots & w_n r_{in} \\ \vdots & \vdots & & \vdots & & \vdots \\ w_1 r_{m1} & w_2 r_{m2} & \cdots & w_i r_{mi} & \cdots & w_n r_{mn} \end{bmatrix}$$

(3) 计算一致性矩阵 C。
$$C = (c_{ij})_{m \times m}$$
c_{ij} 称为优系数，表达的是方案 s_i 对比方案 s_j 的相对优越性，数值越大越优越。
$$c_{ij} = \begin{cases} \sum_{k \in K_{ij}} w_k & i \neq j \text{ 且 } i,j = 1,2,\cdots,m \\ 0 & i = j \end{cases}$$
$$K_{ij} = \{k \mid v_{ik} \geqslant v_{jk}\} \quad k \in K = \{1,2,\cdots,n\}$$
K 就是决策属性所有下标构成的集合，由此可知，集合 $K_{ij} \subset K$，称为一致性集合，我们再定义不一致性集合 $\overline{K}_{ij} = \{k \mid v_{ik} < v_{jk}\}$，$K_{ij} \cup \overline{K}_{ij} = K$。

(4) 确定一致优先矩阵 B_1。确定阈值 $\overline{c}$ 为
$$\overline{c} = \frac{1}{m(m-1)} \sum_{i=1}^{m} \sum_{j=1}^{m} c_{ij}$$
将所有一致性矩阵 C 中的优系数与此阈值 $\overline{c}$ 比较，构建 0-1（布尔）矩阵 B_1。
$$B_1 = (b_{ij})_{m \times m}$$
$$b_{ij} = \begin{cases} 1 & c_{ij} \geqslant \overline{c} \\ 0 & c_{ij} < \overline{c} \end{cases} \quad i,j = 1,2,\cdots,m, i \neq j$$

(5) 计算不一致性矩阵 D。
$$D = (d_{ij})_{m \times m}$$
$$d_{ij} = \begin{cases} \dfrac{\underset{k \in \overline{K}_{ij}}{\text{Max}}\{|v_{ik} - v_{jk}|\}}{\underset{k \in K}{\text{Max}}\{|v_{ik} - v_{jk}|\}} & i \neq j \text{ 且 } i,j = 1,2,\cdots,m \\ 0 & i = j \end{cases}$$
d_{ij} 称为劣系数，表达的是方案 s_i 对比方案 s_j 的相对劣势，数值越大越低劣。

(6) 确定不一致优先矩阵 B_2。确定阈值 $\overline{d}$ 为
$$\overline{d} = \frac{1}{m(m-1)} \sum_{i=1}^{m} \sum_{j=1}^{m} d_{ij}$$
将所有不一致性矩阵 D 中的劣系数与此阈值 $\overline{d}$ 比较，构建 0-1（布尔）矩阵 B_2。
$$B_2 = (d_{ij})_{m \times m}$$
$$d_{ij} = \begin{cases} 1 & d_{ij} \leqslant \overline{d} \\ 0 & d_{ij} > \overline{d} \end{cases} \quad i,j = 1,2,\cdots,m, i \neq j$$

(7) 确定总体优先矩阵 G。
$$G = (g_{ij})_{m \times m}$$
$$g_{ij} = b_{ij} \cdot d_{ij} \quad i,j = 1,2,\cdots,m$$

(8) 根据总体优先矩阵 G 选择满意解。利用下列规则进行方案选择。
$$g_{ij} = \begin{cases} 1 & \text{表示方案 } s_i \text{ 优于方案 } s_j \\ 0 & \text{表示方案 } s_i \text{ 不一定优于方案 } s_j \end{cases}$$

注意：被占优方案可以直接删除。但是，当剩余占优方案依然较多的时候，通过控制

两个阈值大小重新计算一致性矩阵,一直到剩下可接受数量的满意解。

思考:优系数、阈值及两个布尔矩阵中元素的含义。

六、TOPSIS 技术

TOPSIS 技术英文全称为 technique for order preference by similarity to ideal solution,是一种不断向理想点逼近并依逼近程度对方案进行排序的技术。

首先,我们对理想点进行定义,它是取决策模型中各属性的最优值所构成的理想方案,可表达为

$$I = \{\underset{i=1}{\overset{m}{\text{Max}}}(x_{ij}) \quad j=1,2,\cdots,n\}$$

我们同时可以定义负理想点,它由决策模型中各属性的最劣值构成,可表达为

$$L = \{\underset{i=1}{\overset{m}{\text{Min}}}(l_{ij}) \quad j=1,2,\cdots,n\}$$

该技术的具体步骤如下:

(1) 对决策矩阵进行标准化 $Z \Rightarrow R$。除了正常比例变换外,也要进行归一化操作。

(2) 计算加权标准化矩阵 V(略,见 ELECTRE 法)。

(3) 给出正、负理想点。

(4) 计算所有方案分别到正、负理想点的欧式距离。以正理想点为例,假设已给出如下正理想点:

$$I = (i_j)_{1 \times n} \quad j=1,2,\cdots,n$$

则方案 s_1 距离正、负理想点的距离 d_1^*、$d_1^\triangledown$ 分别为

$$d_1^* = \sqrt{\sum_{j=1}^{n}(v_{1j} - i_j)^2}$$

$$d_1^\triangledown = \sqrt{\sum_{j=1}^{n}(v_{1j} - l_j)^2}$$

最后求得所有方案到正、负理想点的距离如下:

$$d_1^*, d_2^*, \cdots, d_i^*, \cdots, d_m^*$$
$$d_1^\triangledown, d_2^\triangledown, \cdots, d_i^\triangledown, \cdots, d_m^\triangledown$$

(5) 计算相对贴近度 C。计算方案 i 贴近度 N_i 的公式:

$$N_i = \frac{d_i^\triangledown}{d_i^* + d_i^\triangledown}$$

与理想点贴近度最大的方案就是最佳方案。

第七节 应 用 案 例

突发事件发生后,应急物资的充足和及时供给,对于提升应急救援效率,降低灾害损失意义重大。

根据研究,应急物资的保障能力取决于应急物资的储备、应急物资的运输、信息传递交流与联动调运应急物资 4 个方面因素,这 4 个方面因素可以进一步细分为若干影响因

素，在此基础上可建立应急救援物资保障能力评价指标体系，见表2-6。

表2-6 应急救援物资保障能力评价指标体系

目 标 层	策 略 层	指 标 层
应急物资保障能力 S	应急物资储备 S_1	储备物资种类 S_{11}
		储备物资数量 S_{12}
		物资储备条件 S_{13}
	信息传递交流 S_2	通信条件 S_{21}
		事件发生时间 S_{22}
		信息传递距离 S_{23}
	应急物资运输 S_3	运输工具种类 S_{31}
		运输工具数量 S_{32}
		道路条件 S_{33}
	应急物资指挥调度 S_4	物流节点设置 S_{41}
		分级响应速度 S_{42}
		绿色通道设置 S_{43}

由于没有原始数据，我们采用主观赋权法对策略层和指标层赋权重，这里采用的是两两相对比较法，得到同级指标相对重要性矩阵 $M_1 \sim M_5$，见表2-7～表2-11。

表2-7 策略层相对重要性矩阵

M_1	S_1	S_2	S_3	S_4
S_1	1	0	0	0
S_2	1	1	0	0
S_3	1	1	1	1
S_4	1	1	0	1

表2-8 S_1 指标层相对重要性矩阵

M_2	S_{11}	S_{12}	S_{13}
S_{11}	1	1	1
S_{12}	0	1	1
S_{13}	0	0	1

表2-9 S_2 指标层相对重要性矩阵

M_3	S_{21}	S_{22}	S_{23}
S_{21}	1	0	1
S_{22}	1	1	1
S_{23}	0	0	1

表2-10 S_3 指标层相对重要性矩阵

M_4	S_{31}	S_{32}	S_{33}
S_{31}	1	1	1
S_{32}	0	1	0
S_{33}	0	1	1

表2-11 S_4 指标层相对重要性矩阵

M_5	S_{41}	S_{42}	S_{43}
S_{41}	1	0	0
S_{42}	1	1	0
S_{43}	1	1	1

对上述矩阵 $M_1 \sim M_5$ 进行解析，以 M_1 为例，过程见表2-12。

表2-12 权重解析过程示例

M_1	S_1	S_2	S_3	S_4	加和	归一
S_1	1	0	0	0	1	0.1
S_2	1	1	0	0	2	0.2
S_3	1	1	1	1	4	0.4
S_4	1	1	0	1	3	0.3

依次对上述所有矩阵进行权重解析,并把权重解析结果置于表2-13中。

表2-13 权重解析结果

目标层	策略层	指标层	综合权重
S, 1.0	S_1, 0.1	S_{11}, 0.50	0.0500
		S_{12}, 0.33	0.0333
		S_{13}, 0.17	0.0167
	S_2, 0.2	S_{21}, 0.33	0.0667
		S_{22}, 0.50	0.1000
		S_{23}, 0.17	0.0333
	S_3, 0.4	S_{31}, 0.50	0.2000
		S_{32}, 0.17	0.0667
		S_{33}, 0.33	0.1333
	S_4, 0.3	S_{41}, 0.17	0.0500
		S_{42}, 0.33	0.1000
		S_{43}, 0.50	0.1500

我们设计了3种应急物资保障方案 C_1、C_2、C_3。有了权重之后,我们邀请了一位行业权威对3种方案在指标层的所有指标上打分,评判尺度1~9之间,9代表极好,1代表极差,5代表一般。由此可得到包含3种方案的决策矩阵,见表2-14。

表2-14 应急救灾物资保障方案

方案	S_{11}	S_{12}	S_{13}	S_{21}	S_{22}	S_{23}	S_{31}	S_{32}	S_{33}	S_{41}	S_{42}	S_{43}
C_1	7	8	7	7	5	6	6	6	7	8	7	6
C_2	7	7	8	6	5	6	6	6	6	6	8	6
C_3	6	7	6	8	6	7	6	6	7	7	6	8

对决策矩阵进行标准化,采用向量规范化变换,可得标准化决策矩阵,见表2-15。

表2-15 标准化决策矩阵

方案	S_{11}	S_{12}	S_{13}	S_{21}	S_{22}	S_{23}	S_{31}	S_{32}	S_{33}	S_{41}	S_{42}	S_{43}
C_1	0.6047	0.6285	0.5735	0.5735	0.5392	0.5774	0.5774	0.6047	0.6554	0.5735	0.4915	0.5145
C_2	0.6047	0.5500	0.6554	0.4915	0.5392	0.5774	0.5774	0.5183	0.4915	0.6554	0.5735	0.5145
C_3	0.5183	0.5500	0.4915	0.6554	0.6470	0.5774	0.5774	0.6047	0.5735	0.4915	0.6554	0.6860

再把之前两两比较法求得的指标权重与标准化矩阵相结合，就可以得到加权标准化矩阵，见表2-16。

表2-16 加权标准化矩阵

方案	S_{11}	S_{12}	S_{13}	S_{21}	S_{22}	S_{23}	S_{31}	S_{32}	S_{33}	S_{41}	S_{42}	S_{43}
C_1	0.0302	0.0209	0.0096	0.0383	0.0539	0.0192	0.1155	0.0403	0.0874	0.0287	0.0492	0.0772
C_2	0.0302	0.0183	0.0109	0.0328	0.0539	0.0192	0.1155	0.0346	0.0655	0.0328	0.0574	0.0772
C_3	0.0259	0.0183	0.0082	0.0437	0.0647	0.0192	0.1155	0.0403	0.0764	0.0246	0.0655	0.1029

根据表2-16加权标准化矩阵，可以给出虚拟的正、负理想点：

$S^* = [0.0302 \quad 0.0209 \quad 0.0109 \quad 0.0437 \quad 0.0647 \quad 0.0192 \quad 0.1155 \quad 0.0403$
$\quad 0.0874 \quad 0.0328 \quad 0.0655 \quad 0.1029]$

$S^\triangledown = [0.0259 \quad 0.0183 \quad 0.0082 \quad 0.0328 \quad 0.0539 \quad 0.0192 \quad 0.1155 \quad 0.0346$
$\quad 0.0655 \quad 0.0246 \quad 0.0492 \quad 0.0772]$

计算3个方案分别到正、负理想点的距离：

$$d_1^* = 0.0331, d_2^* = 0.0385, d_3^* = 0.0148$$
$$d_1^\triangledown = 0.0242, d_2^\triangledown = 0.0127, d_3^\triangledown = 0.0363$$

最后，计算3个方案的贴近度：

$$N_1 = 0.4223, N_2 = 0.2481, N_3 = 0.7104$$

由贴近度计算结果可知，方案C_3为最佳方案，方案C_1次之，方案C_2最差。

思考题

1. 假设你在备考硕士研究生，请问：你选择目标专业的准则（指标），或者备选专业的属性是什么？

2. 根据第一节的案例1，对其决策矩阵分别进行线性比例变换和极差变换，并借助熵技术法，求得各个属性的权重。

3. 根据第一节的案例2，利用全排列法对所有方案进行排序。

4. 某城市A要建设4个新的应急避难场所，目前确定了12个方案，见表2-17。根据规划，建设应急避难场所要考虑表2-17中的10个因素。

（1）试对决策矩阵标准化。

（2）设 10 个因素的先验权重向量为 W = (0.12,0.12,0.10,0.12,0.10,0.10,0.10, 0.06,0.10,0.08)，试用 TOPSIS 技术进行方案选择。

表 2-17　应急避难场所备选场址

名称	有效面积比/%	可容纳人数/万	出入口个数/个	疏散道路	医疗机构距离/km	消防据点距离/km	公安机关距离/km	活断层距离/km	周边建筑物高度/km	重大危险源距离/km
中心公园	0.7500	0.3	4	一般	0.22	1.2	0.21	2.17	0.033	0.90
睦南公园	0.6429	0.2	3	一般	0.84	1.4	0.64	0.56	0.021	1.50
银河广场	0.6834	5.0	10	非常好	1.40	1.5	1.40	0.28	0.055	0.85
人民公园	0.7676	3.6	6	很好	0.67	2.3	0.41	1.38	0.031	0.42
河东公园	0.6850	3.0	4	很好	1.20	2.6	0.21	5.80	0.095	1.50
中山门公园	0.7917	0.4	2	较好	1.70	3.6	0.10	4.88	0.028	0.48
水上公园	0.4769	20.0	6	极好	1.80	3.2	0.60	2.68	0.105	0.66
长虹公园	0.6894	10.0	6	极好	0.90	1.2	1.00	0.33	0.095	0.26
北宁公园	0.6842	13.0	4	较好	0.80	1.5	1.10	6.30	0.080	0.75
王串场公园	0.7949	2.0	3	一般	0.30	1.8	0.62	5.55	0.025	0.35
西沽公园	0.8086	10.0	5	很好	0.90	1.6	0.70	3.94	0.035	0.08
红桥公园	0.8000	1.0	10	较好	0.20	1.7	1.10	2.07	0.030	0.62

第三章 层次分析法

学习目标

(1) 掌握判断矩阵的建立过程,能够基于判断矩阵,利用方根法或和积法进行权重解析和一致性判断。
(2) 理解递阶层次结构,判断矩阵不一致性产生的根源。
(3) 了解层次分析法的思想、原理及应急应用情境。

层次分析法是一种通用的对复杂评价问题进行层次化建模,由繁入简的分析方法,本质上也是一种多属性决策分析技术。层次分析法最大的特色和创新,是根据人类心理学的研究成果,提出了研究对象不同属性之间,依据相对重要程度进行相互比较的9级判断尺度,以及利用判断矩阵解析属性权重的方法。

第一节 应用情境及引入案例

层次分析法的应用范围广,在应急领域的成功应用也层出不穷。下面就简要给出若干具有一定代表性的层次分析法应急情境,随后介绍一个案例。

一、层次分析法在应急领域应用情境

情境1:应急冷链供应链协同化评价模型及策略;
情境2:城市应急避难场所减灾能力评价;
情境3:应急物资储备库选址;
情境4:地铁重大公共安全风险评估指标体系;
情境5:高速公路应急救援企业救援能力评价;
情境6:应急物流系统运营绩效评价;
情境7:生产安全事故应急预案评估研究;
情境8:城市轨道交通线网应急预警分级模型。

二、引入案例

下面结合情境1介绍引入案例。
为确保发生重大突发事件时,应急冷链供应链能够快速反应,需要不断增强冷链供应链的协同性。研究者把应急冷链供应链视作一个系统,该系统可进一步分为5个子系统,每个子系统的结构又可以由相应序参量(属性)来描述,整个协同性评价指标体系见表3-1。

表 3-1　应急冷链供应链协同性评价指标体系

项目	子系统	序参量（属性）		指标	权重
应急协同目标	应急战略协同　0.07	应急战略协同	0.67	应急战略匹配度	0.52
				应急战略层次结构清晰度	0.48
		应急战略实现	0.33	各个节点协调度	0.33
				应急战略完成度	0.67
	应急过程协同　0.39	应急阶段协同	0.40	应急决策响应时间	0.39
				应急配送时间	0.61
		应急过程评估	0.60	应急预案执行度	0.55
				应急物资分配合理度	0.45
	应急组织协同　0.17	组织结构协同	0.44	组织结构合理度	0.57
				组织管理规范度	0.43
		企业协同	0.56	横向企业协同度	0.47
				纵向企业协同度	0.53
	应急信息协同　0.11	信息共享	0.62	信息共享准确性	0.52
				信息传递时效性	0.48
		信息平台	0.38	信息平台完善度	0.50
				信息平台先进度	0.50
	应急资源协同　0.26	应急资源数量	0.42	应急资源储备度	0.62
				应急资源需求度	0.38
		应急资源调度	0.58	应急资源发放效率	0.41
				应急资源调配率	0.59

研究者邀请了供应链利益相关方及专家，组成了决策组，按照 1~9 级判断尺度，分别就子系统、序参量和指标，各自以上一层次指标为准则，共计构造了 16 个判断矩阵。在判断矩阵满足一致性要求前提下，将 16 个判断矩阵的特征向量，经归一化后作为各层次指标的权重，见表 3-1。

最后，针对一家综合冷链物流集团公司，采用 10 分制半定量评价打分法，得到各指标的得分，乘以权重即可得到该公司协同程度的综合评价，还能够对结果进行结构性分析，比如不同子系统的协同程度等。

第二节　层次分析法的思想、模型和基本步骤

一、层次分析法的思想

层次分析法（analytical hierarchy process，AHP）是美国学者 Thomas L. Saaty 于 1971 年提出的一种多属性决策方法。其本质上是一种思维方式，即决策人通过把复杂问题分解

为若干层次，每一层次均由若干要素组成，同一层次要素要以上层要素为准则进行两两比较分析，以获得同一层次各要素的权重，进而利用权重层层上推，得到最底层要素对于最上层目标的相对重要性，最底层要素一般为可执行的备选方案，这样就可以对这些备选方案进行选择或排序了。

二、层次分析法的模型

层次分析法的递阶层次结构，如图 3-1 所示。但是它不能称之为完整的层次分析模型，因为还没有解析得到各层次之间的权重。

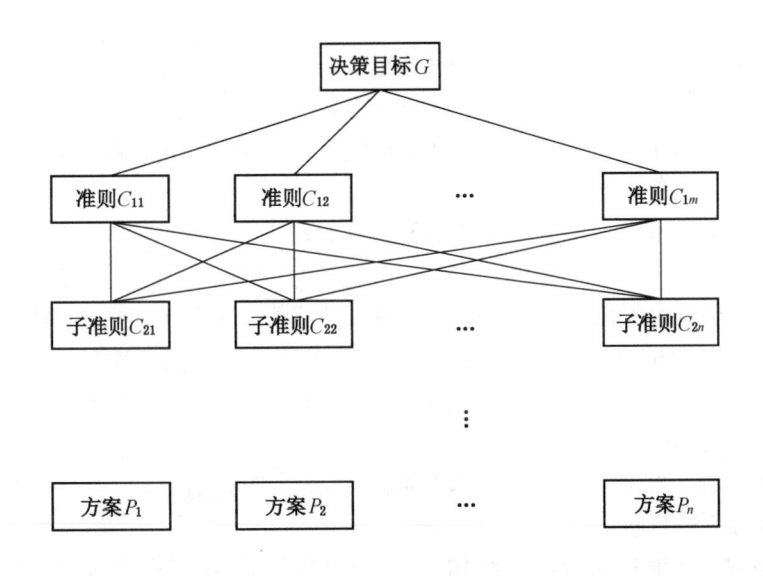

图 3-1　层次分析法的递阶层次结构图

从图 3-1 可以看到，层次分析模型基本上可分为目标层、准则层和方案层 3 个层次，准则层是对目标的细化，可以层层进一步细化为一些子准则，理论上这种细化可以无限进行，但是也要考虑计算过程的时间成本。

三、层次分析法的基本步骤

一般来讲，层次分析法有如下基本步骤：

（1）建立层次分析模型。这是一个定性分析的过程，需要借助领域专家的知识和经验，为的是把现实中复杂的工程、科技和管理问题，划分为若干层次，建立层次递阶关系和相邻层次间的隶属关系。

（2）构造判断矩阵。这也是一个根据专家知识和经验，对同一层次内因素间进行两两重要性比较的过程。

Saaty 提供了判断尺度表，见表 3-2。表中，E_h 称为 A_i 与 A_j 的判断准则或标准。

如果一个人足够理性，则在上述判断矩阵中，就存在如下两个性质。

表3-2 判断尺度表

判断尺度/相对重要程度	模 糊 含 义
1	对 E_h 而言，A_i 与 A_j 同样重要
3	对 E_h 而言，A_i 比 A_j 稍微重要
5	对 E_h 而言，A_i 比 A_j 重要
7	对 E_h 而言，A_i 比 A_j 重要得多
9	对 E_h 而言，A_i 比 A_j 绝对重要
2, 4, 6, 8	其重要程度介于上述程度之间

第一个性质为正互反性，即判断矩阵满足下式：

$$a_{ij} \cdot a_{ji} = 1$$

据此可知，判断矩阵一定是一个正互反矩阵，也说明在确定判断矩阵时，两个要素之间的相互重要性只需要判断一次就可以了。

第二个性质即递推性，指的是判断矩阵满足下式：

$$a_{ij} = a_{ik} \cdot a_{kj}$$

另外，满足递推关系的正互反矩阵，其最大特征值一定等于矩阵的维度 n，而其他特征值均为0。还有诸如判断矩阵的秩等于1，矩阵中每一行（列）中的要素，对另外任意一行（列）中的对应要素是存在倍数关系的等。满足上述性质的判断矩阵，也可以称为满足一致性要求的判断矩阵。

（3）权重解析。在满足一致性要求基础上，基于判断矩阵，计算同一层次内各因素对于上一层次准则的权重。

（4）方案排序。利用递阶层次结构，由方案层开始，层层向上获得方案层对于总目标的权重，并进行方案选择和排序。

第三节 模型分析求解

一、建立判断矩阵

判断矩阵是进行层次分析所需的基本信息，是计算要素相对权重的重要依据。为了得到同一层次要素之间的判断矩阵，需要以上一层次中某一要素 E_h 作为判断准则，对本层次各要素 $A_1, A_2, \cdots, A_n$ 之间两两比较其相对重要程度，判断矩阵如下：

E_h	A_1	A_2	$\cdots$	A_n
A_1	a_{11}	a_{12}	$\cdots$	a_{1n}
A_2	a_{21}	a_{22}	$\cdots$	a_{2n}
$\vdots$	$\vdots$	$\vdots$		$\vdots$
A_n	a_{n1}	a_{n2}	$\cdots$	a_{nn}

其中，a_{ij} 表示以 E_h 为判断准则，要素 A_i 与要素 A_j 相比的相对重要程度或重要性。

二、权重解析

在第二章中，我们介绍了判断矩阵的特征向量，特征向量其实就是属性或要素的权重，因此，权重解析也是求解判断矩阵特征向量的过程。权重解析方法是 AHP 中研究最多的领域，为此得出了很多计算方法。这里介绍实际中广泛应用的两种方法：方根法、和积法。这两种方法避免了线性代数中烦琐的矩阵运算，其有效性是在数学上被证明了的。

1. 方根法

以上面给出的判断矩阵为例，要素 A_i 的总体相对重要性为

$$w_i = \sqrt[n]{\prod_{j=1}^{n} a_{ij}} \quad i = 1,2,\cdots,n$$

求得所有要素权重后，再进行归一化，即为所有要素对于 E_h 准则的权重了。归一化公式如下：

$$w_i^0 = \frac{w_i}{\sum_{i=1}^{n} w_i}$$

2. 和积法

仍以上面给出的判断矩阵为例，要素 A_i 的总体相对重要性为

$$w_i = \sum_{j=1}^{n} b_{ij} \quad i = 1,2,\cdots,n$$

$$b_{ij} = \frac{a_{ij}}{\sum_{i=1}^{n} a_{ij}} \quad j = 1,2,\cdots,n$$

最后归一化，同方根法。

三、判断矩阵的一致性

通过以上步骤，给出了递阶层次结构，确定了判断矩阵，计算得到了相对权重，似乎 AHP 模型就唯一确定了。但是，我们忽略了一个重要问题，即判断矩阵的一致性问题。

由于客观事物的复杂性和主观判断的不精确性，我们邀请专家打出的判断矩阵，并不是严格意义上的一致性矩阵，也就是说，它可能是不一致的，满足正互反性没有问题，但极少满足其他几个性质，包括递推关系。不一致性的来源，可能是专家的疏忽或情绪所致，或者可能是专家的经验或知识不足，更多可能是人类认识和辨别能力方面不可避免地出现偏差。

根据判断矩阵满足一致性可以知道，只有在判断矩阵为一致性矩阵时，才有唯一非零的最大特征值，记为 λ_{max}，其他特征值均为 0，此时求得的特征向量，才是对应最大特征值 λ_{max} 的特征向量，也才是同一层次要素的权重。在现实中，完全满足一致性的情况不多。因此我们希望判断矩阵的最大特征值 λ_{max} 仅略大于 n，同时，其他特征值尽可能接近于 0，这种情况称之为满意的一致性。这也是判断矩阵进行一致性判断的思想。

由于判断矩阵一定是正互反矩阵，则可知矩阵的迹等于 n，记为

$$\mathrm{tr}A = \sum_{i=1}^{n} a_{ii} = n$$

由线性代数知识可知，所有特征值之和也等于 n，即

$$\lambda_{\max} + \lambda_2 + \cdots + \lambda_n = n$$

所以

$$\lambda_2 + \cdots + \lambda_n = \sum_{i=2}^{n} \lambda_i = \lambda_{\max} - n$$

由此可以得到设定一致性指标的依据，一致性指标（$C.I.$）设定为

$$C.I. = \frac{\sum_{i=2}^{n} \lambda_i}{n-1} = \frac{\lambda_{\max} - n}{n-1}$$

显然，$C.I.$ 越小，判断矩阵一致性越好。一般地，我们认为当 $C.I. < 0.1$ 时，判断矩阵具有满意的一致性。否则，需要调查分析判断矩阵不满足一致性的原因，并修改判断矩阵，之后再进行一致性判断。后来，Saaty 又提出了平均随机一致性指标 $R.I.$，见表3-3。

表3-3 平均随机一致性指标 $R.I.$

n	1	2	3	4	5	6	7	8	9
$R.I.$	0	0	0.58	0.90	1.12	1.24	1.32	1.41	1.45

在表3-3中，n 表示判断矩阵的维度，或参与两两比较的要素数量。有了 $R.I.$，Saaty 又提出了一致性比率的概念，$C.R. = C.I./R.I.$，并且认为只有当 $C.R. < 0.1$ 时，判断矩阵才具有满意的一致性。

如何求判断矩阵的最大特征值？如果采用线性代数中的经典求法，随着矩阵规模的扩大，求解难度也越来越大，于是 AHP 法中又给出了判断矩阵最大特征值的近似算法，当然，它也已经在数学上得到了证明，即

$$\lambda_{\max} = \sum_{i=1}^{n} \frac{(Aw)_i}{(nw)_i}$$

其中，A 为原始判断矩阵，$w = (w_1, w_2, \cdots, w_n)^T$，$(Aw)_i$ 表示新求得列向量中的第 i 元素。

四、计算方案层要素对于总目标的综合权重

计算各个方案层要素对总体目标的综合权重或贡献率，是通过计算路径系数实现的。

首先从某一个要素出发，确定共有多少条路径可以抵达总目标，各条路径之间是相并的关系，计算得到的每条路径系数需要加和汇总，以得到该要素到达总目标的综合路径系数；其次，在每条路径上，确定其由几个步骤或几个层级构成，各个步骤之间是相交的关系，每个步骤之上的权重系数需要相乘，计算得到该条路径上的路径系数。将所有路径的路径系数相加，即可得到该方案对于总目标的相对重要性，即为综合权重或贡献率。

第四节 应用案例

生产安全事故应急预案是根据生产经营单位的基本情况、事故危险性等内容制定的事故应急救援与处置方案。要客观地评价事故应急预案处置事故的应急能力，需要全面对预案进行评估。本书从预案的科学性、针对性、完备性、可操作性、灵活性这 5 个方面建立了一个多层次、多指标的结构化指标体系，如图 3-2 所示。

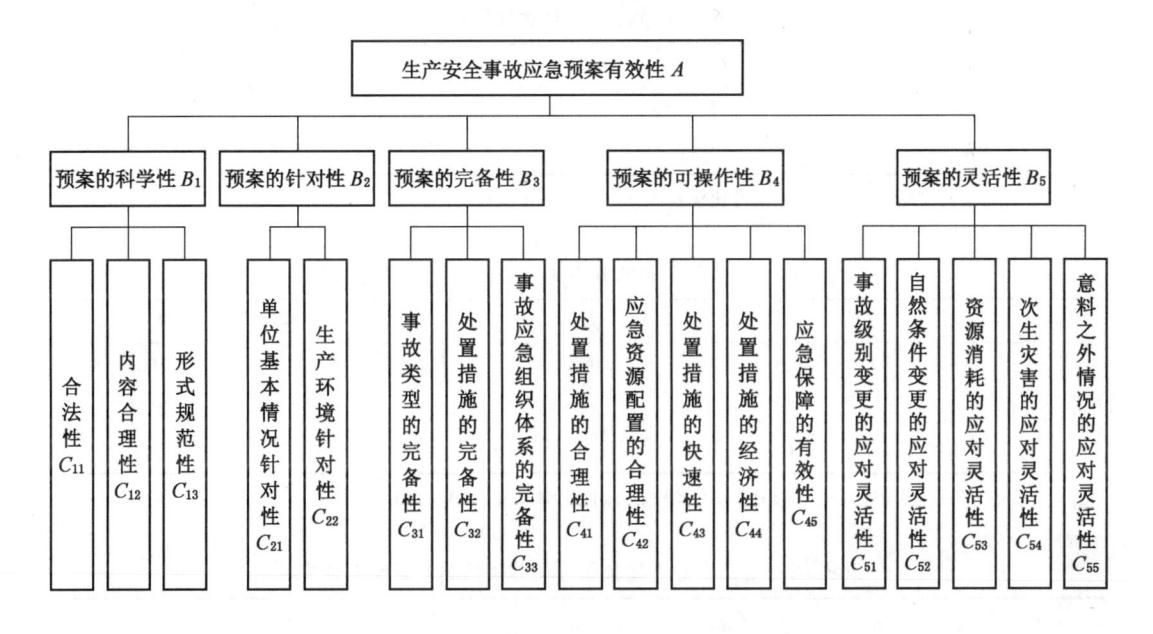

图 3-2 生产安全事故应急预案有效性的评价指标体系

基于递阶层次结构，需要邀请相关专家构造 6 个判断矩阵，见表 3-4～表 3-9。请注意，这里的判断矩阵均是一个专家打分情况下得到的。

思考：如果是多位专家打出了不同的判断矩阵，应该如何处理。

表 3-4 生产安全事故应急预案有效性的判断矩阵及权重

A	B_1	B_2	B_3	B_4	B_5	W_0
B_1	1	3	1/3	1/5	1	0.1221
B_2	1/3	1	1/3	1/5	1/3	0.0614
B_3	3	3	1	1/3	1	0.1972
B_4	5	5	3	1	3	0.4608
B_5	1	3	1	1/3	1	0.1585

$\lambda_{\max} = 5.2012$，$C.I. = 0.0503$，$C.R. = 0.0449$，随机一致性比率 $C.R. < 0.1$，满足一致性。

表3-5 生产安全事故应急预案科学性的判断矩阵及权重

B_1	C_{11}	C_{12}	C_{13}	W_1
C_{11}	1	3	5	0.6333
C_{12}	1/3	1	3	0.2605
C_{13}	1/5	1/3	1	0.1062

$\lambda_{max} = 3.0385$，$C.I. = 0.0193$，$C.R. = 0.0370$，随机一致性比率 $C.R. < 0.1$，满足一致性。

表3-6 生产安全事故预案针对性的判断矩阵及权重

B_2	C_{21}	C_{22}	W_2
C_{21}	1	1/3	0.25
C_{22}	3	1	0.75

$\lambda_{max} = 2$，$C.I. = 0$，$C.R. = 0$，随机一致性比率 $C.R. < 0.1$，满足一致性。

表3-7 生产安全事故预案完备性的判断矩阵及权重

B_3	C_{31}	C_{32}	C_{33}	W_3
C_{31}	1	1/3	1/5	0.1062
C_{32}	3	1	1/3	0.2605
C_{33}	5	3	1	0.6333

$\lambda_{max} = 3.0385$，$C.I. = 0.0193$，$C.R. = 0.0370$，随机一致性比率 $C.R. < 0.1$，满足一致性。

表3-8 生产安全事故预案可操作性的判断矩阵及权重

B_4	C_{41}	C_{42}	C_{43}	C_{44}	C_{45}	W_4
C_{41}	1	3	1	5	3	0.3394
C_{42}	1/3	1	1/3	3	3	0.1696
C_{43}	1	3	1	3	3	0.3128
C_{44}	1/5	1/3	1/3	1	1/3	0.0647
C_{45}	1/3	1/3	1/3	3	1	0.1135

$\lambda_{max} = 5.2890$，$C.I. = 0.0722$，$C.R. = 0.0645$，随机一致性比率 $C.R. < 0.1$，满足一致性。

表3-9 生产安全事故预案灵活性的判断矩阵及权重

B_5	C_{51}	C_{52}	C_{53}	C_{54}	C_{55}	W_5
C_{51}	1	3	3	5	5	0.4608
C_{52}	1/3	1	1	1	3	0.1585
C_{53}	1/3	1	1	3	3	0.1972
C_{54}	1/5	1	1/3	1	3	0.1221
C_{55}	1/5	1/3	1/3	1/3	1	0.0614

$\lambda_{max} = 5.2012$，$C.I. = 0.0503$，$C.R. = 0.0449$，随机一致性比率 $C.R. < 0.1$，满足一致性。

得到各因素权重后,就可以逐层向上求路径系数,得到最末端要素(措施、方案)对于最顶层目标的贡献或影响了。在现实中,如果存在几个预案需要评价,那么首先让专家对最末端指标,按照一定打分规则打分,比如百分制,最后得到每个预案的得分。评价较低的预案,需要根据其各级指标上的结构化得分情况,提出改进的措施建议等。

思考题

1. 请根据你所学应急管理知识,给出一个评价河北省所有地级市的应急管理能力评价指标体系,并构造判断矩阵。

2. 对下列两个判断矩阵进行一致性检验,并给出各要素权重。

$$J_1 = \begin{matrix} \alpha \\ \beta \\ \gamma \end{matrix} \begin{bmatrix} 1 & 1/4 & 1/7 \\ 4 & 1 & 1/2 \\ 7 & 2 & 1 \end{bmatrix}$$

$$J_2 = \begin{matrix} \sigma \\ \delta \\ \varphi \\ \lambda \end{matrix} \begin{bmatrix} 1 & 5 & 2 & 4 \\ 1/5 & 1 & 1/2 & 1/2 \\ 1/2 & 2 & 1 & 2 \\ 1/4 & 2 & 1/2 & 1 \end{bmatrix}$$

3. 请查阅相关资料,给出你认可的不同消防设备供应商应急能力的评价指标体系,并给出这些供应商在不同指标上的观测值。请构建该决策问题的递阶层次模型,并对所有供应商进行优先级排序。

第四章　模糊综合评价技术

学习目标

(1) 能够利用模糊集合的概念，对各个因素进行模糊评价，并能够在多层次指标体系中，将模糊评价结果反映到最终对于研究对象或研究目标的模糊综合评价上。

(2) 理解模糊集合和隶属函数的概念，能够对模糊评价的结果进行分析和解读。

(3) 了解隶属函数的选取过程，模糊评价结果与对策建议之间的联系等。

应急管理与一般经营管理最本质的不同在于突发事件的高度不确定性，以及因此带来的伤亡和人财物需求方面的高度不确定性。模糊数学是刻画不确定性的一种重要方式，甚至比概率论更适合于应急管理领域，尽管模糊数学的理论大厦还不像后者那么坚实。

第一节　应用情境及引入案例

人们对于突发事件所处的状态、属性，还有人为设定的目标不同属性之间相对重要性比较，都会使用一些比较模糊的语言，做出一些模糊判断，而无论是给出属性的模糊评价数值，还是给出的属性可能性取值区间，或者是直接用模糊语言描述属性的相对重要性，都需要用到模糊综合评价技术。

一、模糊综合评价技术在应急领域的应用情境

情境1：城市地铁公共应急能力评价研究；

情境2：液化天然气企业应急能力评估；

情境3：高速公路应急救援企业救援能力评价模型；

情境4：社区安全风险评价及对策研究；

情境5：煤矿水灾事故模糊综合评判和应急等级划分；

情境6：基于层次分析-模糊综合评价的油库衍生灾害分级研究；

情境7：应急装备建设中供应商综合评价模型；

情境8：突发事件多主体交互防治效果评价研究；

情境9：电力施工应急演练效果评估技术研究。

二、引入案例

结合情境3，引入案例"高速公路应急救援企业应急救援能力评价"，看模糊综合评价技术在实际中的应用。

我国高速公路通车里程迅猛增长，同时，发生在高速公路上的交通事故、交通拥堵、恶劣气象灾害、自然地质灾害等各类紧急事件也不断增多，造成的危害和损失十分严重。高速公路应急救援企业是整个高速公路应急救援体系中的重要一环，社会化参与高速公路应急救援机制亟待建立。合理评价高速公路应急救援企业的救援能力，对于发现应急救援企业存在的问题、改善高速公路应急救援现状、提高应急救援准确性和效率具有积极作用。

研究者从企业管理范式和应急救援要求两方面考虑，高速公路应急救援企业的救援能力评价，应主要包括人力资源、装备配置、应急救援信息通信、应急救援响应效率、企业管理5个方面。结合咨询高速公路管理部门、运营单位、社会救援企业及相关科研人员的意见，构建了高速公路应急救援企业救援能力评价指标体系，见表4-1。

表4-1 高速公路应急救援企业救援能力评价指标体系

目标层	准则层	权重	指标层	权重
高速公路应急救援企业救援能力评价	人力资源	0.1025	救援人员数量	0.0733
			专业人员比例	0.4424
			机械操作技能	0.1437
			现场指挥能力	0.3406
	装备配置	0.2012	装备种类齐全率	0.1547
			装备性能稳定性	0.5923
			装备持续供应能力	0.1922
			装备间比例合理性	0.0608
	应急救援信息通信	0.2309	事件信息采集途径	0.1915
			信息沟通传递方式	0.2125
			信息执行准确程度	0.2767
			应急通信设备保障	0.3193
	应急救援响应效率	0.3963	发现事件耗时	0.1594
			赶到现场耗时	0.2928
			现场作业时间	0.2166
			事件处置效果	0.3312
	企业管理	0.0691	责任路段里程	0.1269
			应急预案制定	0.4035
			岗位职责明确	0.1259
			应急培训演练	0.3437

借助层次分析技术，研究者邀请了32位领域专家构建判断矩阵，给出了所有准则层和指标层（措施层）中所有因素的权重，这里不再详细论述该过程，结果置于表4-1中。

借助构造判断矩阵的32位专家，对4家高速救援企业在指标层中所有指标上的表现进行模糊评价，评价所用评语集合，以及评语与百分制分值之间的对应关系，见表4-2。

表4-2 专家模糊评价与百分制分值的对应关系

模糊评价集	优秀	良好	一般	较差
百分制分值	100	80	60	40

我们以第1家高速救援企业为例,假设所有专家对于准则层的"人力资源"准则下的所有指标给出了模糊评价,见表4-3。表中数据代表32个专家中,给出不同模糊评价的专家人员的数量,全部除以32就可以得到指标评价对于不同模糊集合的隶属度,均保留4位小数,见表4-4。

表4-3 第1家高速救援企业"人力资源"准则的模糊评价统计

准则层	指标层	优秀	良好	一般	较差
人力资源	救援人员数量	12	8	6	6
	专业人员比例	8	10	6	8
	机械操作技能	16	6	4	6
	现场指挥能力	7	9	14	2

表4-4 第1家高速救援企业"人力资源"准则的隶属度

准则层	指标层	优秀	良好	一般	较差
人力资源	救援人员数量	0.3750	0.2500	0.1875	0.1875
	专业人员比例	0.2500	0.3125	0.1875	0.2500
	机械操作技能	0.5000	0.1875	0.1250	0.1875
	现场指挥能力	0.2188	0.2813	0.4375	0.0625

我们把表4-4隶属度组成的矩阵称为模糊评价矩阵,再考虑每个指标的权重,就可以计算得到专家们对于"人力资源"这个准则的模糊评价:

$$[0.0733 \quad 0.4424 \quad 0.1437 \quad 0.3406] \begin{bmatrix} 0.3750 & 0.2500 & 0.1875 & 0.1875 \\ 0.2500 & 0.3125 & 0.1875 & 0.2500 \\ 0.5000 & 0.1875 & 0.1250 & 0.1875 \\ 0.2188 & 0.2813 & 0.4375 & 0.0625 \end{bmatrix}$$

$$= [0.2844 \quad 0.2793 \quad 0.2637 \quad 0.1726]$$

也可以把"人力资源"的模糊评价结果转换为百分制得分,即

$$[0.2844 \quad 0.2793 \quad 0.2637 \quad 0.1726][100 \quad 80 \quad 60 \quad 40]^T = 73.5125$$

同理,还可以计算得到目标层的模糊评价结果,并转换为百分制得分。以上过程的关键,在于把专家模糊评价的结果转换为对于不同模糊评价集合的隶属度。然后,将模糊评价集合与权重相结合,逐层向上分析计算,最终得到模糊评价结果。

最后,研究者根据4家企业的目标层得分情况,建立行业标杆,对表现不够卓越的企业,进行结构化原因查找,并提出改进意见。

第二节　模糊综合评价技术思想和基本步骤

一、模糊集合理论

模糊是人脑智能的体现。一般情形下，人们能够很好地利用模糊语言进行沟通和决策。

模糊数学理论是 1965 年由美国控制论专家 L. A. Zadeh 建立的，尽管它还没有建立起诸如概率论一样严密的公理化体系，有其自身的缺陷和不足，但是，模糊数学已经在应急管理、模式识别、智能控制系统等领域得到了极其广泛的应用。

先看模糊集合和隶属函数的定义。

定义：设 $\tilde{A}$ 为论域 U 上的模糊集合，则 $\tilde{A}$ 可以用有序对来表示，即 $\tilde{A}=\{(x,S_{\tilde{A}}(x))|x\in U\}$，其中 $S_{\tilde{A}}$ 是论域 U 到实数闭区间 $[0,1]$ 上的映射，并称 $S_{\tilde{A}}$ 为隶属函数，$S_{\tilde{A}}(x)$ 为 $\tilde{A}$ 中元素 x 的隶属度。

也可以使用如下有序对表示：

$$\tilde{A}=\{(x_1,S_{\tilde{A}}(x_1)),(x_2,S_{\tilde{A}}(x_2)),\cdots,(x_n,S_{\tilde{A}}(x_n))\}$$

或者用 Zadeh 自己创立的表示法，如下：

$$\tilde{A}=\{\frac{S_{\tilde{A}}(x_1)}{x_1}+\frac{S_{\tilde{A}}(x_2)}{x_2}+\cdots+\frac{S_{\tilde{A}}(x_n)}{x_n}\}$$

对于连续型参数，更多的情况下，我们需要借助隶属函数来表示。例如：在研究地震造成的人员伤亡预测时，地震震级因素影响较大，不同震级的地震可以选用如下隶属函数表示：

地震震级用 x 表示，其隶属函数为

$$S_{\tilde{A}}(x)=\begin{cases}0 & x<a\\ \dfrac{x-a}{b-a} & a\leq x<b\\ 1 & x\geq b\end{cases}$$

式中，a，b 为待定参数。

这里引出了一个问题，即隶属函数的选择问题，它往往依赖于知识和经验，有时需要多次尝试，通过数值拟合找到比较适合的隶属函数。

二、模糊综合评价技术的思想

在对应急决策方案进行评价时，不可避免地需要人为参与评价过程。比如，在应用层次分析法时，需要专家给出判断矩阵；在应用多属性决策技术时，需要专家对最末端指标进行打分。暂且不去讨论模糊层次分析法中的模糊判断矩阵问题，它牵涉构建模糊评价尺度，这里只对多属性决策技术中专家给出模糊判断的情况进行探讨。

这些应急决策方案不是一个非此即彼的选择题组成的考卷，能给出精确的分数，专家只能靠知识、经验和直觉，进行一个粗略的判断，用类似"大小""重要不重要""高低""优秀不优秀""快慢"等这些模糊词汇来表达。

比如：对于"年轻人"这个模糊概念，我们该怎么定义年轻人呢？我们随机找了

100个普通成年人，让它们就"年轻人"这个概念进行界定，这样就可以得到100个关于"年轻人"的年龄范围，如［15-35］、［18-40］、［12-45］等。假设"年轻人"的上下限分别为12和55，那么我们就可以观察12-55中，所有年龄被这100个普通成年人认定为"年轻人"的总频数，再除以总人数100，就是该年龄对于"年轻人"这个概念（集合）的隶属程度（符合程度）。例如，年龄45岁，假设一共有28个受调查的普通成年人认可属于"年轻人"，那么，0.28就是45岁属于"年轻人"这个范畴的隶属程度。

基于这个思想，在对末端指标进行打分时，就可以采用这种办法，确定指标对于不同模糊概念的隶属程度了。

三、模糊综合评价技术基本步骤

我们知道，综合评价模型包括多属性决策模型和层次分析模型。模型有时只有一个层次的指标体系，像之前的大部分多属性决策模型；有时却是包含有多个层次的指标体系，像层次分析法等。这里以多个层次的指标体系为例，来讲解该技术的步骤。

（1）确定评价对象（指标）的因素集和评语集。因素指的就是指标体系中的指标，评语就是"优、良、中、差"这样的模糊评价等级。

（2）确定相同层次上所有因素的权重，因素确定的方法可以是主观法，或者客观法。

（3）从最底层的因素开始，根据评语集进行模糊评估，建立单因素模糊评估矩阵。

（4）逐级向上进行评估，直至获得模糊综合评价结果。

（5）根据模糊综合评价结果，对评语集进行量化，并对各层次各因素得分进行结构化分析，给出对策建议。

评估或评价模型，就是前面讲的评价指标体系，不再多讲。下面重点讲解同一层次上因素集的模糊评价矩阵运算。

假设在评价模型的某一层次上共有 m 个评价指标（因素），表示为 $\{f_1, f_2, \cdots, f_m\}$，指标权重为 $\{w_1, w_2, \cdots, w_m\}$；对于任一指标，评语集为 $\{v_1, v_2, \cdots, v_n\}$。设 $W = [w_1 \quad w_2 \quad \cdots \quad w_m]$，模糊评价矩阵 $\tilde{R} = (r_{ij})_{m \times n}$，则利用下式计算：

$$\tilde{C}_{1 \times n} = W \cdot \tilde{R}$$

其中，$\tilde{R}$ 和 $\tilde{C}$ 都是模糊集合。通过此运算，就可以得到对上一层次中所对应的单个因素的模糊评判向量。

第三节　应　用　案　例

社会力量，包括非政府组织、企业、志愿者、居民等，积极参与应急管理各项工作，是现代社会文明和发达程度的标志。在我国突发事件应急管理实践中，多主体之间的交互协作机制不完善，交互防灾减灾作用不明显，效能不高，制约了突发事件监测预警和处置的效率效果。

为了提升突发事件中多主体交互防治效果，研究者以4R危机管理理论为基础，首先界定了多主体交互防治的概念，之后，通过文献比对研究，以及两个轮次的德尔菲法，构建了突发事件多主体交互防治效果评价指标体系，见表4-5。

表4-5 突发事件多主体交互防治效果评价指标体系

一级指标	二级指标	三级指标
行为意愿（A）	法律制度建设（A_1）	立法明确各主体法律地位的情况（A_{11}）
		立法明确各主体权责情况（A_{12}）
		制度安排和规则制定情况（A_{13}）
		互助协议签订情况（A_{14}）
	应急文化建设（A_2）	社会安全文化和志愿文化（A_{21}）
		政府领导力与公信力（A_{22}）
		企业社会责任感（A_{23}）
		应急教育社区建设情况（A_{24}）
行为能力（B）	应急主体能力（B_1）	政府动员与控制能力（B_{11}）
		非政府组织参与能力（B_{12}）
		企业应急支援能力（B_{13}）
		社区应急救援能力（B_{14}）
	应急人员水平（B_2）	救援人员专业素质水平（B_{21}）
		志愿者队伍素质水平（B_{22}）
		公民应急防灾能力水平（B_{23}）
	应急物资保障水平（B_3）	资金保障水平（B_{31}）
		设备保障水平（B_{32}）
		医疗后勤保障水平（B_{33}）
交互程度（C）	交互机制建设（C_1）	联合响应机制（C_{11}）
		资源整合机制（C_{12}）
		信息共享机制（C_{13}）
		监督问责机制（C_{14}）
	信息交互程度（C_2）	信息共享平台完善性（C_{21}）
		信息传播的质量与速度（C_{22}）
		各主体沟通反馈的顺畅度（C_{23}）
	行动交互程度（C_3）	应急主体参与有序性（C_{31}）
		应急主体协作度（C_{32}）
		应急主体行动耦合性（C_{33}）
防治实效（D）	预防预警效果（D_1）	应急预案编制完整度（D_{11}）
		应急演练与人员培训情况（D_{12}）
		预警监测准确性（D_{13}）
	处置恢复效果（D_2）	人员抢救情况（D_{21}）
		财产抢救情况（D_{22}）
		社会秩序恢复情况（D_{23}）

利用层次分析法，依据9级判断尺度，构造二级指标对于一级指标的判断矩阵和三级指标对于二级指标的判断矩阵。在矩阵满足一致性要求基础上，求解矩阵最大特征值所对应的特征向量，并将其归一化，就可以得到所有指标权重，利用路径系数又可以得到三级指标的综合权重，见表4-6。此处省略具体过程。

表4-6 突发事件多主体交互防治效果评价指标权重解析

一级指标	权重	二级指标	权重	三级指标	权重	综合权重
A	0.1216	A_1	0.7567	A_{11}	0.3828	0.0352
				A_{12}	0.2748	0.0253
				A_{13}	0.0993	0.0091
				A_{14}	0.2431	0.0224
		A_2	0.2433	A_{21}	0.2846	0.0084
				A_{22}	0.2722	0.0081
				A_{23}	0.1906	0.0056
				A_{24}	0.2526	0.0075
B	0.1811	B_1	0.3431	B_{11}	0.3192	0.0198
				B_{12}	0.1717	0.0107
				B_{13}	0.1660	0.0103
				B_{14}	0.3430	0.0213
		B_2	0.3869	B_{21}	0.4159	0.0291
				B_{22}	0.2915	0.0204
				B_{23}	0.2926	0.0205
		B_3	0.2700	B_{31}	0.4775	0.0233
				B_{32}	0.2048	0.0100
				B_{33}	0.3177	0.0155
C	0.2682	C_1	0.1380	C_{11}	0.3918	0.0145
				C_{12}	0.2092	0.0077
				C_{13}	0.3245	0.0120
				C_{14}	0.0745	0.0028
		C_2	0.3162	C_{21}	0.3510	0.0298
				C_{22}	0.3720	0.0315
				C_{23}	0.2770	0.0235
		C_3	0.5458	C_{31}	0.3717	0.0544
				C_{32}	0.3069	0.0449
				C_{33}	0.3214	0.0471
D	0.4291	D_1	0.3652	D_{11}	0.3188	0.0500
				D_{12}	0.4195	0.0657
				D_{13}	0.2617	0.0411
		D_2	0.6348	D_{21}	0.4335	0.1181
				D_{22}	0.2399	0.0653
				D_{23}	0.3266	0.0891

研究人员设立评语集 $V = \{v_1, v_2, v_3, v_4, v_5\}$ = {很好,较好,一般,较差,很差},并设计好调查问卷。选择北京、上海、天津、广东、福建、浙江、江苏、河北、河南、四川、湖南、湖北、安徽、江西、陕西、广西、贵州等17个频发自然灾害和安全事故的省(市),在每个省(市)中各邀请从事应急管理工作的人员5名,以及全国高等学校中从事应急管理研究的专家学者20名,共计105名,请他们结合专业背景,按照本省(市)应急实际工作情况和工作经验对我国突发事件多主体交互防治工作开展情况进行打分评价,最终收集有效问卷98份,将结果汇总后,求出各指标评价等级人数所占整体比重,得到评价结果统计表(模糊评价矩阵),见表4-7。

表4-7 模糊评价矩阵

三 级 指 标	v_1 5分	v_2 4分	v_3 3分	v_4 2分	v_5 1分
立法明确各主体法律地位的情况(A_{11})	0	0.1	0.1	0.8	0
立法明确各主体权责情况(A_{12})	0	0.1	0.2	0.7	0
制度安排和规则制定情况(A_{13})	0	0.2	0.5	0.3	0
互助协议签订情况(A_{14})	0.1	0.2	0.3	0.2	0.1
社会安全文化和志愿文化(A_{21})	0.2	0.2	0.5	0.1	0
政府领导力与公信力(A_{22})	0.6	0.3	0.1	0	0
企业社会责任感(A_{23})	0.1	0.1	0.4	0.2	0.2
应急教育社区建设情况(A_{24})	0.2	0.3	0.4	0.1	0
政府动员与控制能力(B_{11})	0.8	0.2	0	0	0
非政府组织参与能力(B_{12})	0.2	0.4	0.4	0	0
企业应急支援能力(B_{13})	0.2	0.3	0.3	0.1	0.1
社区应急救援能力(B_{14})	0.2	0.2	0.3	0.2	0.1
救援人员专业素质水平(B_{21})	0.8	0.1	0.1	0	0
志愿者队伍素质水平(B_{22})	0.3	0.4	0.2	0.1	0
公民应急防灾能力水平(B_{23})	0.1	0.2	0.6	0.1	0
资金保障水平(B_{31})	0.2	0.3	0.3	0.1	0.1
设备保障水平(B_{32})	0.5	0.4	0.1	0	0
医疗后勤保障水平(B_{33})	0.5	0.2	0.3	0	0
联合响应机制(C_{11})	0.1	0.3	0.6	0	0
资源整合机制(C_{12})	0	0.2	0.6	0	0.1
信息共享机制(C_{13})	0.1	0.3	0.3	0.2	0.1
监督问责机制(C_{14})	0	0.1	0.6	0.2	0.1
信息共享平台完善性(C_{21})	0.1	0.1	0.6	0.2	0

表 4-7（续）

三 级 指 标	v_1 5分	v_2 4分	v_3 3分	v_4 2分	v_5 1分
信息传播的质量与速度（C_{22}）	0.3	0.3	0.2	0.1	0.1
各主体沟通反馈的顺畅度（C_{23}）	0.1	0.1	0.4	0.3	0.1
应急主体参与有序性（C_{31}）	0.1	0	0.3	0.5	0.1
应急主体协作度（C_{32}）	0	0.1	0.2	0.5	0.2
应急主体行动耦合性（C_{33}）	0	0.1	0.1	0.7	0.1
应急预案编制完整性（D_{11}）	0.6	0.2	0.2	0	0
应急演练与人员培训情况（D_{12}）	0.2	0.2	0.4	0.2	0
预警监测准确性（D_{13}）	0.3	0.3	0.3	0.1	0
人员抢救情况（D_{21}）	0.5	0.5	0	0	0
财产抢救情况（D_{22}）	0.3	0.6	0.1	0	0
社会秩序恢复情况（D_{23}）	0.3	0.4	0.2	0.1	0

汇总打分结果，可以生成各指标模糊评价矩阵；结合指标计算权重，计算各指标模糊评价向量，最终得到各级评价值以及整体评分结果。计算过程如下：

首先，从三级指标的模糊评价矩阵到二级指标的模糊评价向量，以"行为意愿"为例：

$$L_1 = \begin{bmatrix} 0.3828 & 0.2748 & 0.0993 & 0.2431 \end{bmatrix} \begin{bmatrix} 0 & 0.1 & 0.1 & 0.8 & 0 \\ 0 & 0.1 & 0.2 & 0.7 & 0 \\ 0 & 0.2 & 0.5 & 0.3 & 0 \\ 0.1 & 0.2 & 0.3 & 0.2 & 0.1 \end{bmatrix}$$

$$= \begin{bmatrix} 0.0243 & 0.1342 & 0.2158 & 0.5770 & 0.0243 \end{bmatrix}$$

$$L_2 = \begin{bmatrix} 0.2846 & 0.2722 & 0.1906 & 0.2526 \end{bmatrix} \begin{bmatrix} 0.2 & 0.2 & 0.5 & 0.1 & 0 \\ 0.6 & 0.3 & 0.1 & 0 & 0 \\ 0.1 & 0.1 & 0.4 & 0.2 & 0.2 \\ 0.2 & 0.3 & 0.4 & 0.1 & 0 \end{bmatrix}$$

$$= \begin{bmatrix} 0.2898 & 0.2334 & 0.3468 & 0.0918 & 0.0381 \end{bmatrix}$$

其次，再求二级指标模糊评价矩阵到一级指标模糊评价向量：

$$L = \begin{bmatrix} L_1 & L_2 \end{bmatrix}^T = \begin{bmatrix} 0.0243 & 0.1342 & 0.2158 & 0.5770 & 0.0243 \\ 0.2898 & 0.2334 & 0.3468 & 0.0918 & 0.0381 \end{bmatrix}$$

$$U_1 = \begin{bmatrix} 0.7567 & 0.2433 \end{bmatrix} \begin{bmatrix} 0.0243 & 0.1342 & 0.2158 & 0.5770 & 0.0243 \\ 0.2898 & 0.2334 & 0.3468 & 0.0918 & 0.0381 \end{bmatrix}$$

$$= \begin{bmatrix} 0.0889 & 0.1584 & 0.2477 & 0.4590 & 0.0277 \end{bmatrix}$$

然后，可进一步求得"行为能力""交互程度"和"防治实效"等其他 3 个一级指标的模糊评价向量 U_2、U_3、U_4，最后得到综合模糊评价向量 G。

$$G = \begin{bmatrix} 0.1216 & 0.1811 & 0.2682 & 0.4291 \end{bmatrix} \begin{bmatrix} 0.0889 & 0.1584 & 0.2477 & 0.4590 & 0.0277 \\ 0.4045 & 0.2492 & 0.2556 & 0.0615 & 0.0186 \\ 0.0853 & 0.1304 & 0.3064 & 0.3777 & 0.1002 \\ 0.3549 & 0.3748 & 0.1305 & 0.0412 & 0 \end{bmatrix}$$

$$= \begin{bmatrix} 0.2592 & 0.2602 & 0.2146 & 0.4174 & 0.0336 \end{bmatrix}$$

可以把最后模糊评价向量转化为5分制的具体分数。

$$G = \begin{bmatrix} 5 & 4 & 3 & 2 & 1 \end{bmatrix} \begin{bmatrix} 0.2592 & 0.2602 & 0.2146 & 0.4174 & 0.0336 \end{bmatrix}^T = 3.849$$

把一级、二级和三级指标中的所有指标，根据模糊评价向量或矩阵计算的具体分数，用表直观表达出来，见表4-8。

表4-8 各级指标得分情况

一级指标	二级指标	三级指标
行为意愿（2.8）	法律制度建设（2.5）	立法明确各主体法律地位的情况（2.3）
		立法明确各主体权责情况（2.4）
		制度安排和规则制定情况（2.9）
		互助协议签订情况（2.7）
	应急文化建设（3.6）	社会安全文化和志愿文化（3.5）
		政府领导力与公信力（4.5）
		企业社会责任感（2.7）
		应急教育社区建设情况（3.6）
行为能力（4.5）	应急主体能力（4.0）	政府动员与控制能力（4.8）
		非政府组织参与能力（3.8）
		企业应急支援能力（3.4）
		社区应急救援能力（3.5）
	应急人员水平（3.9）	救援人员专业素质水平（4.7）
		志愿者队伍素质水平（2.7）
		公民应急防灾能力水平（3.3）
	应急物资保障水平（3.8）	资金保障水平（3.4）
		设备保障水平（4.4）
		医疗后勤保障水平（4.1）
交互程度（2.7）	交互机制建设（3.2）	联合响应机制（3.1）
		资源整合机制（2.9）
		信息共享机制（3.2）
		监督问责机制（2.9）
	信息交互程度（3.2）	信息共享平台完善性（2.7）
		信息传播的质量与速度（3.6）
		各主体沟通反馈的顺畅度（2.7）

表4-8（续）

一级指标	二级指标	三级指标
交互程度（2.7）	行动交互程度（2.3）	应急主体参与有序性（2.1）
		应急主体协作度（2.7）
		应急主体行动耦合性（2.2）
防治实效（3.7）	预防预警效果（2.9）	应急预案编制完整度（4.8）
		应急演练与人员培训情况（3.4）
		预警监测准确性（3.8）
	处置恢复效果（4.2）	人员抢救情况（4.5）
		财产抢救情况（4.2）
		社会秩序恢复情况（3.9）

研究的最后，根据17个省（市）的综合得分及得分结构，研究者给出了改进的措施建议。

思考题

1. 请查阅相关书籍文献等，给出三角形、梯形、半梯形、S形隶属函数的表达式，并列举至少一种应用情境。

2. 请思考能否利用综合权重和最末端指标模糊评价矩阵，直接得到最顶层指标（目标）的模糊评价指数？以及有没有必要这么做，为什么？

3. 根据第三节中提供的案例，找到本书"参考文献"相关文献细读，重复作者的科学研究流程，并对研究结论进行解释。

第五章　数据包络分析技术

学习目标

（1）能借助数据包络分析（data envelopment analysis，DEA）矩阵模型，建立数学规划模型及其对偶规划模型。
（2）掌握最优解的有效性判定方法，能够对优化结果进行分析，熟悉各种有效性的概念。
（3）了解 DEA 的两种模型，以及模型求解步骤。

在灾害经济学分析中，常用投入产出模型判定一个地区、一个部门、一家单位或一个项目在资源利用和成果产出上的效率。DEA 也是这样的一种技术，并且摆脱了原有的需要把投入产出转换为同等实物或货币的形式，从而使得效率评价更加便捷。

第一节　应用情境及引入案例

数据包络分析技术本质上属于一种多属性决策分析技术，但其另辟蹊径，换了个视角，把属性分为了投入和产出两类，并用数学模型求解两类属性的最佳配比。

一、数据包络分析技术在应急领域的应用情境

数据包络分析技术在应急领域也获得了比较成功的应用，包括但不限于下面这些应用情境：

情境1：水上突发事件应急资源配置研究；
情境2：应急物流综合能力评价；
情境3：应急供应链效率评价；
情境4：疾病预防控制机构卫生应急人力资源配置效率评价；
情境5：企业安全管理绩效测评研究；
情境6：地下工程震害应急方案评价；
情境7：基于决策效用分析的应急救援路径优化；
情境8：应急系统选址模型研究。

二、引入案例

结合情境1，引入案例"水上突发事件救援单位的应急资源投入和救援成功率产出的效率评价问题"。

水上突发事件应急资源是应对水上突发事件的重要基础。基于费效比，对应急资源进行优化配置,使其既符合资源节约的理念,又能够保证水上应急救助工作的顺利开展,这对于提升水上突发事件应急管理能力、保障水上交通安全具有非常重要的意义。

首先,通过查阅国内外有关政策及研究文献,研究者把水上突发事件应急资源分为了救援队伍、物资储备和决策支撑三大类,并根据经验和实际,进一步细化应急资源分类,构建起水上救援应急资源配置效率评价的投入产出指标体系,见表5-1。

表5-1 水上救援应急资源配置效率评价的投入产出指标体系

分类	子分类	评价指标	
投入指标	救援队伍	海事救援队伍	海事救援人员数
		社会救援队伍	社会专业污染应急人员数
			社会专业消防人员数
	物资储备	救生类资源	救生衣数
			救生圈数
			救生船艇数
			社会船舶数
		防污类资源	围油栏、绳长度
			吸油毡的重量
			吸油绳的长度
		通信类资源	VHF通信设施数
		交通设施	海巡艇数
			应急车辆数
	决策支撑	应急预案	应急预案数
		应急专家	应急专家数
		搜救案例	搜救案例数
产出指标		人员	人员搜救成功率
		船舶	船舶搜救成功率

其次,研究者选取了芜湖海事局下辖的4个海事处中的3个进行研究。因为芜湖海事处属于静态管理,不参与水上应急救援,故选取铜陵海事处、马鞍山海事处和芜湖执法支队作为评价对象,每个海事处负责5个应急站点。

经过实地调研及专家咨询,建立数据包络分析决策矩阵模型,见表5-2。

表5-2 数据包络分析决策矩阵模型

分类	指标	决策单元		
		铜陵海事处	马鞍山海事处	芜湖执法支队
投入指标	海事救援人员数	51	53	60
	社会专业污染应急人员数	8	17	273

表 5-2（续）

分类	指标	决策单元		
		铜陵海事处	马鞍山海事处	芜湖执法支队
投入指标	社会专业消防人员数	—	—	—
	救生衣数	—	—	—
	救生圈数	—	—	—
	救生船艇数	—	—	—
	社会船舶数	12	11	19
	围油栏、绳长度	500	700	2520
	吸油毡的重量	100	700	720
	吸油绳的长度	0	80	340
	VHF通信设施数	—	—	—
	海巡艇数	9	6	10
	应急车辆数	6	7	10
	应急预案数	14	14	14
	应急专家数	—	—	—
	搜救案例数	—	—	—
产出指标	人员搜救成功率	1	0.983	0.977
	船舶搜救成功率	1	1	0.842

注：一表示暂时无此分类数据。

再次，研究者利用数据包络分析中的对偶规划模型，对3个决策单元的投入产出效率进行了评价。手动求解线性规划比较烦琐，借助软件工具包 DEAP 2.1 对该规划进行了求解。

从数据包络分析评价结果来看，铜陵海事处和马鞍山海事处水上突发事件应急资源配置效率均为1，即 DEA 有效，执法支队综合效率为0.977，非 DEA 有效。其中，铜陵海事处和马鞍山海事处产出冗余均为零；执法支队人员搜救成功率不足0.02，船舶搜救成功率不足0.158；投入冗余情况见表5-3。

表 5-3 投入冗余情况

决策单元	1	2	3	4	5	6	7	8	9
铜陵海事处	0	0	0	0	0	0	0	0	0
马鞍山海事处	0	0	0	0	0	0	0	0	0
芜湖执法支队	8.7	263.65	1.45	3.85	7.15	1990	530	328	0

1~9分别代表9种资源投入（对应表5-2中有数据的9种投入指标）。由表5-3可见，铜陵海事处和马鞍山海事处投入无冗余，而芜湖执法支队在除了第9种资源投入，即

"应急预案"上没有冗余外,都存在不同程度的投入冗余。

最后,研究者给出了改善执法支队资源配置效率的对策建议。

第二节 数据包络分析技术的思想、模型和基本步骤

一、数据包络分析技术的思想

数据包络分析（DEA）技术,1978年由美国学者A. Charnes和W. Cooper等人提出,用于解决具有多输入、多输出部门之间的相对有效性评价问题。该技术的思想是,不用把部门的各种投入和产出转换为货币单位,而是把多种投入和多种产出加权后分别作为效率比率的分母和分子,就可以清晰说明不同投入产出组合的效率,并且比一套比率指标更具综合性和可信性。

二、数据包络分析技术的数学模型

数据包络分析技术的模型有两个,一个是体现为决策矩阵的问题描述模型,一个是根据前述模型建立的数学规划模型。

为了建立上述模型,首先进行符号约定。假设有 n 个决策单元,表示决策者的评价对象,可以是国家、组织、个人及其他任何自然社会系统等;每个决策单元有 m 个输入和 s 个输出,分别表示资源投入量和服务/产品产出量,设 m 个输入的权重向量分别为 $v = (v_1, v_2, \cdots, v_m)^T$,$s$ 个输出的权重向量分别为 $u = (u_1, u_2, \cdots, u_s)^T$,则可以建立如下 DEA 技术有效性评价的问题模型。

$$
\begin{array}{c}
\begin{array}{cccccc} 1 & 2 & \cdots & j & \cdots & n \end{array} \\
\begin{array}{l}输\ v_1 \\ 入\ v_2 \\ 指 \\ 标\ v_m\end{array}
\left[\begin{array}{cccccc}
x_{11} & x_{12} & \cdots & x_{1j} & \cdots & x_{1n} \\
x_{21} & x_{22} & \cdots & x_{2j} & \cdots & x_{2n} \\
\vdots & \vdots & & \vdots & & \vdots \\
x_{m1} & x_{m2} & \cdots & x_{mj} & \cdots & x_{mn} \\
\hline
y_{11} & y_{12} & \cdots & y_{1j} & \cdots & y_{1n} \\
y_{21} & y_{22} & \cdots & y_{2j} & \cdots & y_{2n} \\
\vdots & \vdots & & \vdots & & \vdots \\
y_{s1} & y_{s2} & \cdots & y_{sj} & \cdots & y_{sn}
\end{array}\right]
\begin{array}{l}\\ \\ \\ \\ u_1\ 输 \\ u_2\ 出 \\ \vdots\ 指 \\ u_s\ 标\end{array}
\end{array}
$$

图 5-1 DEA 技术有效性评价的问题模型

对于上述问题模型,我们进行如下定义:

定义 1：第 j 个决策单元 DMU_j 的效率评价指数 h_j 为

$$h_j = \frac{u^T y_j}{v^T x_j} = \frac{\sum_{k=1}^{s} u_k y_{kj}}{\sum_{i=1}^{m} v_i x_{ij}} \quad j = 1, 2, \cdots, n$$

式中，$x_j = (x_{1j}, x_{2j}, \cdots, x_{mj})^T$ 和 $y_j = (y_{1j}, y_{2j}, \cdots, y_{sj})^T$，分别表示第 j 个决策单元的输入向量和输出向量。

有了定义1，我们就可以给出 DEA 技术的数学规划模型。因为该模型是 A. Charnes、W. Cooper 和 E. Rhodes 共同提出的，该模型也称为 C^2R 模型。

$$\text{Max} h_l = \frac{u^T y_l}{v^T x_l} = \frac{\sum_{k=1}^{s} u_k y_{kl}}{\sum_{i=1}^{m} v_i x_{il}} \quad l = 1, 2, \cdots, n$$

s.t.

$$h_j = \frac{u^T y_j}{v^T x_j} = \frac{\sum_{k=1}^{s} u_k y_{kj}}{\sum_{i=1}^{m} v_i x_{ij}} \leq 1 \quad j = 1, 2, \cdots, n$$

$$v_i \geq 0 \quad i = 1, 2, \cdots, m$$
$$u_k \geq 0 \quad k = 1, 2, \cdots, s$$

上述模型是个非线性规划模型，其目标函数是非线性的。为了求解方便，需要将其转化为一个线性规划模型。这就是 Charnes – Cooper 转换。具体地，需要首先令 $t = 1/(v^T x_l)$，$w = tv$，$\mu = tu$，则上述非线性规划模型转化为如下线性规划模型：

$$\text{Max} h_l = \mu^T y_l$$

s.t.
$$w^T x_j - \mu^T y_j \geq 0 \quad j = 1, 2, \cdots, n$$
$$w^T x_l = 1$$
$$w_i \geq 0 \quad i = 1, 2, \cdots, m$$
$$\mu_k \geq 0 \quad k = 1, 2, \cdots, s$$

上述规划的含义是，对于任意决策单元，都可以选择合适的输入权向量和输出权向量，使得所有决策单元的加权输入资源组合为1。在约束每个决策输入不小于输出的情况下，该如何选择最优的输入输出权向量，使得加权输出组合值最大（最大值也为1）。也就是说，对于任意决策单元，如果可以使其实现一个加权输入资源组合，就能得到一个加权输出产品组合，即认为该决策单元是有效的，否则无效。

三、数据包络分析的基本步骤

（1）明确目标。首先要明确评价对象和评价目标，即要评价的所有决策单元（decision – making unit, DMU）包括哪些部门，要评价它们在哪些方面的投入产出效率。比如，评价若干应急物流企业在汶川地震应急物资投递中的物流绩效问题。一般来讲，评价对象是已知的，且地位对等，业务相同或相似。

（2）确定评价指标体系。这是数据包络分析中非常重要的一环，是一个定性分析的过程。需要结合评价目标，确定决策单元的投入和产出指标体系，指标体系选取的合理准确性，将会影响最终效率评价的结果。

(3) 收集和整理数据。准确收集决策单元的各种指标数据，是数据包络分析中的重要组成部分，它将为后续模型的定量分析计算提供基础数据。有了数据之后，就可以建立决策问题模型，即决策矩阵了。

(4) 建立数学规划模型。只有将已经建立了问题的决策矩阵（也可以称为问题的描述模型）转化为 DEA 中的各种数学规划模型，才能继续开展后续的定量分析工作。

(5) 求解数学规划模型。数学规划模型的求解可借助诸如专门的 DEA 分析软件或 Matlab、Lingo 等商业化软件，对于非线性规划问题，也需要借助数学算法来计算。

(6) 结果分析和评价。结果分析包括决策单元有效性评价，以及无效情况下投入产出资源方面的不足之处，且可以树立效率标杆企业，并对无效企业提出整改建议。

第三节　数据包络分析技术中决策单元有效性分析

由于 DEA 数学规划模型是标准线性规划模型，可以参照运筹学中的单纯形法求解，或借助商业优化软件求解，在此不再赘述。这里给出关于求解结果的有效性分析，即决策单元是有效和无效的几个定义。

定义 2：若线性规划（P）的最优解 w^*、μ^* 满足 $h_l^* = 1$，且 $w^* > 0$，$\mu^* > 0$，则称决策单元 DMU_l 为 DEA 有效。

定义 3：若线性规划（P）的最优解 w^*、μ^* 满足 $h_l^* = 1$，且 $w^* = 0$ 或 $\mu^* = 0$，则称决策单元 DMU_l 为 DEA 弱有效。

如果不满足 DEA 弱有效或有效的条件，即 $h_l^* \neq 1$，则称 DMU_l 为非 DEA 有效。

另外，对于线性规划（P），根据线性规划对偶理论，可以建立其对偶规划（D）如下：

$$\text{Max}\,\theta$$

s.t.

$$\sum_{j=1}^{n} x_j \lambda_j + s^+ = \theta x_l \quad j = 1, 2, \cdots, n$$

$$\sum_{j=1}^{n} y_j \lambda_j - s^- = y_l$$

$$\lambda_i \geq 0 \quad i = 1, 2, \cdots, m$$

$$s^+, s^- \geq 0, \theta \text{ 不限}$$

式中，对偶变量 λ_1，λ_2，$\cdots$，λ_n 分别对应线性规划（P）的前 n 个约束方程，对偶变量 θ 对应第 $n+1$ 个约束方程；s^+ 为松弛变量，s^- 为剩余变量。

根据上述对偶规划（D），我们也可以给出决策单元 DMU_l 的有效性定义。

定义 4：若对偶规划（D）的最优解满足 $\theta^* = 1$，且 $s^{+*} = 0$，$s^{-*} = 0$，则称决策单元 DMU_l 为 DEA 有效。

定义 5：若对偶规划（D）的最优解满足 $\theta^* = 1$，且 $s^{+*} \neq 0$ 或 $s^{-*} \neq 0$，则称决策单元 DMU_l 为 DEA 弱有效。

定义 6：若对偶规划（D）的最优解不满足如上 DEA 弱有效或有效的条件，即 $\theta^* \neq 1$，则称 DMU_l 为非 DEA 有效。

由于对偶规划具有更明显的经济学意义，我们借助对偶规划（D）来对 DEA 有效和非 DEA 有效做出解释。

目标函数中的 θ 表示决策单元 DMU$_l$ 投入向量的压缩系数，即可以压缩到的原有资源投入的比例。

若 $\theta^* = 1$，表示在最优状态下，投入向量 x 已经不可能做等比例压缩，表明决策单元具有一定的有效性，即 DEA 弱有效；若 $0 < \theta^* < 1$，则表明决策单元资源投入不当，可以被等比例地压缩到原来的 θ^* 倍，这就表明决策单元非 DEA 有效。

若 $\theta^* = 1$，但 $s^{+*} \neq 0$ 或 $s^{-*} \neq 0$，就表示虽然投入向量不能等比例压缩，有些资源投入上还有不当之处；s^{+*} 表示有超量的投入，不够经济；s^{-*} 表示同样投入情况下，有亏量的产出，也不够经济，所以称为弱 DEA 有效。

若 $\theta^* = 1$，且 $s^{+*} = 0$，$s^{-*} = 0$，就表示决策单元不仅在资源投入组合上不能够等比例压缩，且在单项资源投入方面既没有超量，也没有亏量，都实现了最优，因此称为 DEA 有效。

第四节 应 用 案 例

企业安全管理是关系企业长远发展的战略性举措，只有将安全文化和风险管理两方面结合起来，才能实现全面系统的企业安全管理。

DEA 模型是一种从输入到输出的效率评价模型。本案例中，以安全文化为基础，把提升风险管理水平而投入的相应人力、物力和财力作为输入指标，而把事故造成的损失，比如事故率或伤亡率，作为安全管理系统的输出指标。

通过查阅国内外文献，并实地调查分析，基于 DEA 的输入指标为安全文化和风险管理所包含的管理者的承诺（X_1）、员工参与（X_2）、安全培训（X_3）、安全管理组织制度（X_4）、监督检查（X_5）、信息交流与沟通（X_6）、危险源辨识与风险评估控制（X_7）、设备设施与作业环境（X_8）、应急管理（X_9）9 个过程性指标；输出指标为结果性指标，结合实际数据的可获取性，将结果性指标分为伤亡人数（Y_1）和经济损失（Y_2）。

结合 DEA 方法，研究对象即决策单元（DMU），根据决策单元选取的原则，在选取研究对象时，应该选取同类型的企业。因此选取某石油集团下的 8 家企业作为研究对象，每一家企业都视作一个决策单元。通过对这 8 家对等企业做问卷调查，在验证问卷信度和效度符合要求后，得到真实可靠的输入指标，见表 5-4。

表 5-4 DEA 的输入指标

DMU	输 入 指 标								
	X_1	X_2	X_3	X_4	X_5	X_6	X_7	X_8	X_9
1	19.09	20.67	15.24	24.51	12.42	20.70	16.09	25.58	16.76
2	19.65	21.70	15.65	24.70	14.65	21.55	16.15	25.80	17.15
3	28.87	21.73	18.47	24.60	16.34	22.40	16.13	26.07	16.80

表 5-4（续）

DMU	输入指标								
	X_1	X_2	X_3	X_4	X_5	X_6	X_7	X_8	X_9
4	20.10	21.50	17.85	25.60	17.35	20.95	16.20	26.25	16.25
5	21.85	22.00	18.55	25.80	16.57	21.80	16.25	26.40	17.45
6	20.57	21.14	14.86	24.95	15.80	20.95	16.29	25.43	16.57
7	21.30	21.83	17.40	28.90	15.75	21.23	17.17	25.80	17.47
8	19.32	20.67	14.93	23.12	17.93	20.09	15.07	24.01	15.28

通过实际生产记录、资料查阅，获得结果性指标（输出指标）数据，见表5-5。

表 5-5 DEA 的输出指标

名称	1	2	3	4	5	6	7	8
Y_1	11	13	7	3	9	2	11	23
Y_2	8.5	1.5	3	6.05	0.8	12	18	45.1

因为输出指标和输入指标方向不一致，我们对所有输出指标取其倒数，保留两位小数，得到新的输出指标，见表5-6。

表 5-6 输出指标

名称	1	2	3	4	5	6	7	8
O_1	0.09	0.08	0.14	0.33	0.11	0.50	0.09	0.04
O_2	0.12	0.67	0.33	0.17	1.25	0.08	0.06	0.02

借助 EXCEL 插件 dea excel solver 1.0 进行计算，计算各个决策单元的效率值，见表5-7。

表 5-7 DEA 安全管理绩效测评结果

DMU	技术效率	纯技术效率	规模效率	规模收益
1	0.319	1.000	0.319	递增
2	0.673	1.000	0.673	递增
3	0.490	0.983	0.499	递增
4	0.757	1.000	0.757	递增
5	1.000	1.000	1.000	不变
6	1.000	1.000	1.000	不变
7	0.211	0.963	0.219	递增
8	0.097	1.000	0.097	递增

从表5-7中可以看出8家企业的安全管理绩效水平排名,企业5和企业6的相对效率值(θ)均为1,说明它们均实现了DEA有效,安全管理绩效水平非常到位,而剩余6家企业的相对效率值均小于1,为非DEA有效,说明企业在安全管理中尚存在问题,仍有改进的空间。

企业1、企业2、企业4和企业8的纯技术效率值为1,技术效率值小于1,技术有效,规模无效。这说明这些企业的安全管理绩效不佳是由于规模无效导致的。企业在安全管理工程中,安全文化和风险管理方面效果做得较好,其整体安全管理绩效主要来自于安全管理规模因素的影响,可以通过调整规模因素(组织规模、组织层次、人员规模等)来改进其状态。

企业3和企业7纯技术效率小于1,技术无效。说明这两家企业的安全管理能力不足,安全文化和风险管理方面做得不到位,企业中可能存在安全投入资金不足、分配不合理、责任和措施不到位、存在冗余现象等问题。

除了企业5和企业6两家DEA有效外,剩余6家企业均非DEA有效,可以改进的指标,以及这些指标能够改进的程度,均列于表5-8中。

表5-8 指 标 改 进 率

DMU	X_1	X_2	X_3	X_4	X_5	X_6	X_7	X_8	X_9
1	14.90%	19.82%	18.14%	20.38%	0.00%	20.66%	21.80%	22.13%	22.17%
2	5.20%	13.43%	0.00%	10.77%	3.48%	13.63%	13.82%	12.62%	13.20%
3	28.72%	3.75%	11.89%	0.00%	3.94%	7.48%	2.31%	3.62%	1.80%
4	0.00%	4.19%	16.71%	5.11%	11.17%	2.55%	2.56%	5.63%	0.48%
7	3.42%	3.58%	11.15%	15.86%	0.00%	1.72%	6.63%	1.89%	5.39%
8	1.60%	5.70%	6.03%	0.67%	21.32%	3.82%	0.93%	2.37%	0.00%

例如:对于企业1,"监督检查"已经没有改进的空间,其他各个方面都存在问题,如"管理的承诺(X_1)"可以继续改善14.9%,这就意味着原来在该指标上投入为19.09,存在14.90%的冗余,可以继续压缩14.90% × 19.09 = 2.84,即达到16.25刚刚好。再比如"伤亡人数(O_1)",可以继续改善22.13%,这就意味着,在当前投入组合下该产出指标存在不足,可以继续提升0.09 × 22.13% = 0.02,达到0.11,也意味着"伤亡人数(Y_1)"在原来11人的基础上,下降11 × 22.13%/(1 + 22.13%) = 1.99人,达到9.01人。

根据安全管理绩效评价的结果,可以做更多深入的分析和比较。最后,研究者还给出了各家企业改善安全绩效的建议和措施等。

思考题

1. 表5-9是6家应急物流企业投入产出决策矩阵,请给出所有决策单元的线性规划模型，以及其对偶规划模型。如果可能，请选用一种软件对其对偶规划进行求解，并对结果进行解释。

表5-9　6家应急物流企业投入产业决策矩阵

DMU	投入指标			产出指标	
	资金投入	社会资源占用	人员投入	生命挽回比率	财产挽回比率
E_1	59	45	100	0.99	0.99
E_2	89	96	148	0.96	0.98
E_3	91	45	95	0.99	0.96
E_4	489	300	549	0.96	0.96
E_5	14	6	59	0.98	0.98
E_6	16	2	99	0.96	0.92

2. 2020—2022年间，我国开展了有史以来第一次全国自然灾害风险普查。国内某公司积极组织下属5家子公司从事地震灾害风险调查项目，表5-10是5家子公司每百元净利润时的两种投入数据。为了提高经济效益，该公司管理人员决定用数据包络分析来识别哪些子公司最有效地使用了它们的资源，然后让有效性不高的子公司分享其经验。

表5-10　5家子公司每百元净利润的投入

子公司	工时/h	原料费用/元
1	4	100
2	5	80
3	6	165
4	8	60
5	10	50

（1）试写出可用于判定子公司3的DEA有效性的对偶规划数学模型。

（2）已知子公司1中的对偶规划数学模型的求解结果为 $\lambda_1 = 1$，$s_2^+ = 10$，$\theta = 0.6667$，其余为0，试判定子公司3是否是DEA有效，并说明解的经济意义。

第六章 主成分分析技术

学习目标

(1) 掌握主成分分析的基本步骤，能够应用主成分分析技术，简化指标评价体系。
(2) 理解主成分分析的思想、几何含义，以及主成分和原始指标之间的线性关系。
(3) 了解主成分分析技术的数学原理，以及相关系数矩阵与协方差矩阵等价的条件。

在机器学习和人工智能领域，计算机试图自动从频繁出现的现象或事物身上，寻找到具有较强规律性的东西，从而对其未来的行为或需要做出预判，进而进行供需匹配。表征事物的特征千变万化，种类多、数量大，哪些特征属性才是最为关键的、最值得研究和关注的，这就涉及关键特征属性的提取，而主成分分析是一种很好的降维思路。

第一节 应用情境及引入案例

一、主成分分析技术在应急领域的应用情境

随着计算智能化，主成分分析成为大数据时代数据分析和数据降维的新宠。在应急管理领域，特别是在风险和损失预测评估领域，主成分分析得到了广泛应用，以下就是它目前在应急领域的应用情境：

情境1：自然灾害损失（脆弱性）综合评价；
情境2：应急物资配送需求分级；
情境3：影响现场员工不安全行为的管理因素分析；
情境4：生产安全事故致因分析；
情境5：城市饮用水安全综合评价；
情境6：基于自然灾害风险的应急物流节点选择（选址）；
情境7：政府机构应急能力评价；
情境8：重大突发事件应急救援志愿者激励需求因素研究。

二、引入案例

结合情境1，介绍主成分分析技术引入案例。

为了度量四川省下辖区县级行政区的自然灾害脆弱性，研究者依据脆弱性地方模型，从经济、社会、人口和应对能力等4个方面，分析构建了四川省自然灾害脆弱性评估指标体系，见表6-1。

表6-1 四川省自然灾害脆弱性评估指标体系

指 标 层	一 级 指 标	二 级 指 标	性质
经济脆弱性	财政收支	人均财政收入	-
		人均财政支出	-
	保障情况	社会保障和就业投资占比	-
		人均保险额	-
	工资水平	城镇人员年平均工资	-
		乡镇人员年平均工资	-
	GDP	地区GDP总量	-
		人均GDP	-
		第三产业增加值占GDP比重	+
社会脆弱性	文化与教育情况	各学段万人教师数之和	-
		人均教育支出	-
		科教投资支出占比	-
		每万人文化艺术类机构个数	-
	医疗水平	万人床位数	-
		万人卫生机构从业人员数	-
	行政	街道办密度（个/万人）	-
灾害应对能力	基础设施	建筑面积占比	+
		污水处理能力	-
	环境情况	节能环保投资占比	-
		人均绿地面积	-
		全年空气质量优良天数	-
	灾害应对	固定避难场所数量	-
		社会应急力量队伍数	-
		公共安全支出占比	-
		物资储备情况	-
人口脆弱性	人口	人口密度	+
		乡村人口占比	+
	性别	男性人口比重	-

指标的性质是指属于正向指标，还是属于负向指标。正负向是根据研究目标，即自然灾害脆弱性而言的。

表6-1的脆弱性评估指标体系，包含了28个二级指标。通过查询政府年鉴及各部门统计数据，得到了四川省下辖183个区县级行政区的对应数据。由于数据在量纲和数量级上存在较大差异，需要对其进行标准化。此过程可采用了极差变换技术，具体略去。

为降低原始数据之间的信息重叠，同时减少评估工作量，研究者对数据信息矩阵进行了对应相关系数的计算，删除了那些与多数指标存在明显相关性的指标，并最终选出具有代表性的 16 个关键指标，见表 6-2。

表6-2 四川省自然灾害脆弱性评估关键指标

指标层	二级指标	序号	指标性质
经济脆弱性	乡镇人员年平均收入	X_1	-
	人均 GDP	X_2	-
	第三产业增加值占 GDP 比重	X_3	+
	人均财政支出	X_4	-
社会脆弱性	科教投资占比	X_5	-
	人均保险额	X_6	-
	每万人文化艺术类机构个数	X_7	-
	万人卫生机构人员数	X_8	-
	每万人医疗机构床位数	X_9	-
人口脆弱性	人口密度	X_{10}	-
	乡村人口占比	X_{11}	+
	男性人口比重	X_{12}	+
灾害应对能力	固定性避难场所覆盖率	X_{13}	-
	社会应急力量数	X_{14}	-
	公共安全支出占比	X_{15}	-
	物资储备情况	X_{16}	-

我们把每一个指标看作是一个随机变量，则每个区县的数据就代表样本数据，代表具体的随机变量值。指标在标准化以后，可知其均值为 0。因此，上述求相关系数矩阵的过程，其实就是求协方差矩阵的过程。有了 16 个关键指标的协方差（相关系数）矩阵，可以求其特征值和特征向量，协方差矩阵所表达的指标向量各分量的方差之和，就等于主成分的方差之和，每一个主成分就对应一个特征值，称为方差贡献率。

所选取的主成分贡献率越高，说明主成分蕴含的原始信息量就越大。一般地，选取主成分的依据是，主成分累计方差贡献率达到 85% 以上。所有成分的方差贡献率见表 6-3。

表6-3 主成分方差贡献率

成分	方差	方差解释率/%	累积方差贡献率/%
1	6.959	43.496	43.496
2	3.987	24.918	68.414
3	1.298	8.113	76.527
4	1.071	6.691	83.218
5	0.778	4.864	88.082

表6-3(续)

成分	方差	方差解释率/%	累积方差贡献率/%
6	0.54	3.374	91.456
7	0.438	2.738	94.194
8	0.406	2.538	96.732
9	0.18	1.122	97.854
10	0.142	0.886	98.74
11	0.084	0.524	99.263
12	0.055	0.342	99.605
13	0.024	0.148	99.753
14	0.021	0.131	99.885
15	0.014	0.085	99.969
16	0.005	0.031	100

基于主成分选择的依据,即累计方差贡献率大于80%,我们选取了前4个新成分作为主成分。从表6-3中可以看出,4个主成分对于原始指标数据方差的累计贡献率达到了83%以上。对主成分的方差解释率进行归一化处理后,得出的结果就是所得出的主成分在四川省自然灾害脆弱性指标上的权重。4个主成分的权重分别为 $w_1 = 0.522$,$w_2 = 0.299$,$w_3 = 0.098$,$w_4 = 0.081$。假设主成分为 $F_1 \sim F_4$,首先根据表6-4因子旋转重新分配因子载荷后的情况,对主成分进行命名;之后,再可以给出主成分与所有指标变量的线性表达关系,见表6-5。

表6-4 因子旋转重新分配因子载荷情况

序号	指标	主成分1	主成分2	主成分3	主成分4
X_1	乡镇人员年平均收入	0.622	-0.200	0.566	0.464
X_2	人均GDP	0.882	-0.160	0.304	0.154
X_3	第三产业增加值占GDP比重	0.118	0.737	0.372	0.012
X_4	人均财政支出	0.080	0.869	-0.123	-0.369
X_5	科教投资占比	0.134	-0.788	0.323	-0.039
X_6	人均保险额	0.893	0.163	0.325	-0.002
X_7	每万人文化艺术类机构个数	-0.029	0.857	-0.317	-0.350
X_8	万人卫生机构人员数	0.890	0.119	0.275	-0.111
X_9	每万人医疗机构床位数	0.858	-0.331	0.013	-0.075
X_{10}	人口密度	-0.187	0.263	0.810	-0.315
X_{11}	乡村人口占比	0.291	-0.355	0.795	0.001
X_{12}	男性人口比重	-0.839	-0.377	-0.056	0.081
X_{13}	固定性避难场所覆盖率	0.025	-0.202	-0.016	0.856
X_{14}	社会应急力量数	0.259	-0.036	0.726	-0.250
X_{15}	公共安全支出占比	0.865	0.023	0.050	0.225
X_{16}	物资储备情况	-0.635	-0.233	0.065	0.435

表6-5 主成分与原始变量的关系

序号	经济脆弱性主成分	社会脆弱性主成分	人口脆弱性主成分	灾害应对能力主成分
X_1	0.044	0.068	0.178	0.264
X_2	0.146	-0.021	-0.01	0.073
X_3	-0.071	0.334	0.312	0.127
X_4	0.007	0.248	0.043	-0.078
X_5	-0.015	-0.291	0.114	-0.244
X_6	0.129	0.075	0.058	0.02
X_7	0.023	0.23	-0.072	-0.043
X_8	0.137	0.028	0.034	-0.068
X_9	0.198	-0.172	-0.195	-0.106
X_{10}	0.107	-0.049	-0.45	-0.086
X_{11}	0.129	-0.132	-0.002	-0.092
X_{12}	-0.164	-0.114	0.083	-0.04
X_{13}	0.043	0.107	-0.153	0.63
X_{14}	-0.099	0.003	0.478	-0.293
X_{15}	0.191	0.04	-0.172	0.203
X_{16}	-0.136	0.029	0.092	0.261

主成分1主要有人均GDP、乡镇人员年平均收入、人均保险额等指标，主要从经济发展水平描述县区的自然灾害脆弱性，所以F_1可命名为经济脆弱性主成分因子。主成分2主要有人均财政支出、每万人文化艺术类机构个数等指标，与社会治理和文化水平相关，主要从社会保障和文化教育普及程度描述县区的自然灾害脆弱性，所以F_2可以命名为社会脆弱性主成分因子。主成分3主要有人口密度、乡村人口占比等指标，主要从人口特征方面描述县区的自然灾害脆弱性，所以F_3可以命名为人口脆弱性主成分因子。主成分4主要有固定性避难场所覆盖率、物资储备情况等指标，主要从灾害应对方面描述县区的自然灾害脆弱性，所以F_4可以命名为灾害应对能力主成分因子。

至此，如果用F来表示四川省某区县的自然灾害风险值，其可以用下式表达：

$$F = w_1 \cdot F_1 + w_2 \cdot F_2 + w_3 \cdot F_3 + w_4 \cdot F_4$$

各主成分与原始指标的线性关系见表6-5。在求得所有183各个区县的风险值后，还可以利用自然断点法将脆弱性等级划分为高、较高、中、较低、低5个等级。

第二节 主成分分析的思想

在研究一个事物、一个系统或一种现象时，我们总希望从尽可能多的角度（视角、维度）使用多个属性（指标），全面地对研究对象进行表征和描述。比如，我们常常使用德尔菲法、头脑风暴法或文献统计等技术，搜集尽可能全面的信息（属性或指标）。在这个过程中,大量属性或指标之间,不可避免地含有重复信息,或指标之间存在相关性。为此,主成分分析技术根据指标值所提供的信息主要是由数据的方差决定这个原理,通过分析指标之间的相关性,对指标进行降维和去相关处理,转化为少数几个互相无关的主要成分指标,这些成分指标可以由原来的指标线性描述,这就是主成分分析技术的思想。

主成分分析技术在二维空间有明显的几何意义,如图6-1所示。图中任意一个小黑点,表示一个样本或个体。每个样本,都可以用其在X_0OY_0坐标系中的坐标来表达,即总体的描述有两个随机属性或指标,样本坐标值就是随机属性或指标的取值。通过坐标旋转,建立新的坐标系XOY,新的坐标系中,在椭圆形的长轴方向上,数据存在最大的离散性,即方差最大,而在短轴上,数据之间的差异并不大。因此,我们就可以用包含数据最大信息量的X轴,作为新的属性或指标,替代原有属性,把之前二维数据降维到了一维。更加极端的情况下,如果所有样本点的连线,正好与X_0轴平行,则显然这种降维意义重大。由此可知,椭圆越是扁平,这种降维的效果越好,新的属性对原有属性的替代性也就越强。

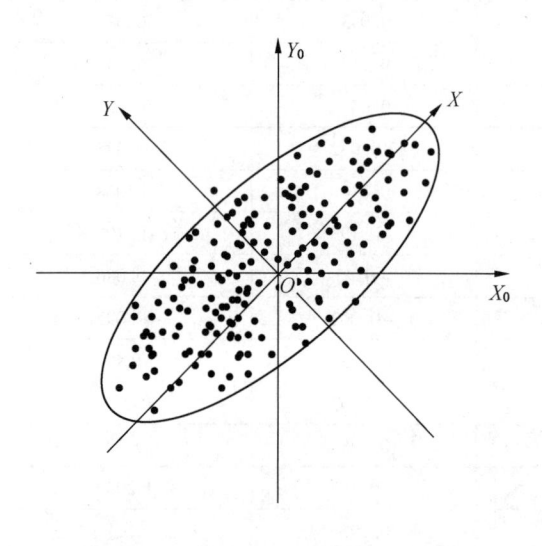

图6-1 主成分分析技术的几何意义

降维的意义很明显,能够减少指标数量,降低运算的复杂性和工作量,并且降维后的指标之间都是正交关系,不存在相关性了,也更加符合指标体系的构建原则。

思考:结合图6-1,说明为什么坐标旋转后的指标之间是正交的。

第三节 主成分的定义及其性质

一、主成分的定义

在多指标(属性)决策中,存在n个指标,指标集合可以用n维随机向量$\boldsymbol{X}=(X_1,X_2,\cdots,X_n)$来表示。

随机向量$\boldsymbol{X}$具有数学期望$E(X)=(E(X_1),E(X_2),\cdots,E(X_n))$,同时其协方差矩阵为

$$\boldsymbol{\Sigma}=COV(\boldsymbol{X},\boldsymbol{X})=\begin{bmatrix} COV(X_1,X_1) & COV(X_1,X_2) & \cdots & COV(X_1,X_n) \\ COV(X_2,X_1) & COV(X_2,X_2) & \cdots & COV(X_2,X_n) \\ \vdots & \vdots & & \vdots \\ COV(X_n,X_1) & COV(X_n,X_2) & \cdots & COV(X_n,X_n) \end{bmatrix}$$

协方差矩阵是关于主对角线对称的，在主对角线上，其实就是随机变量 X 的方差。再介绍相关系数矩阵 **R**，随机变量 X_i 和 X_j 的相关系数 r_{ij} 定义为

$$r_{ij} = \frac{\text{COV}(X_i, X_j)}{\sqrt{D(X_i)} \cdot \sqrt{D(X_j)}}$$

则相关系数矩阵 **R** 为

$$\boldsymbol{R} = \begin{bmatrix} r_{11} & r_{12} & \cdots & r_{1n} \\ r_{21} & r_{22} & \cdots & r_{2n} \\ \vdots & \vdots & & \vdots \\ r_{n1} & r_{n2} & \cdots & r_{nn} \end{bmatrix}$$

相关系数矩阵也是对称的，且主对角线上所有元素为 1，其余元素居于 -1 到 1 之间。

另外，我们把模等于 1 的 n 维向量称为单位向量。假设 $L_1, L_2, \cdots, L_n$ 为 n 个不同的单位列向量，且构造出如下新的变量：

$$F_i = L_i^{\text{T}} \cdot X \quad i = 1, 2, \cdots, n$$

（1）若 F_1 满足条件 $D(F_1) = \max(D(F_i))$，$i = 1, 2, \cdots, n$，则称 F_1 为随机向量 **X** 第 1 主成分。

（2）若 F_2 满足条件 $D(F_2) = \max(D(F_i))$，$i = 1, 2, \cdots, n-1$，并且 $\text{COV}(F_2, F_1) = 0$，则称 F_2 为随机向量 **X** 第 2 主成分，其与第 1 主成分呈正交。

（3）更加一般地，若 F_k 满足条件 $D(F_k) = \max(D(F_i))$，$i = 1, 2, \cdots, n-k+1$，并且 $\text{COV}(F_k, F_i) = 0$，$i = 1, 2, \cdots, k-1$，则称 F_2 为随机向量 **X** 第 k 主成分，其与所有 $k-1$ 个已知主成分均呈正交。

二、主成分的求法及性质

尽管有了主成分的定义，但是在现实中预先构造 n 个新变量还是有些无所适从，我们就可以根据下述已经证明的定理，从协方差矩阵 **Σ** 中求得这些单位向量。

定理：设 **X** 为 n 维随机向量，且 $E(X) = 0$，设 **X** 的协方差矩阵为 **Σ**。若 **Σ** 的 n 个特征值满足 $\lambda_1 \geqslant \lambda_2 \geqslant \cdots \geqslant \lambda_n$，则第 i 个特征值对应的单位特征向量，就是 **X** 的第 i 主成分 F_i 的系数向量 L_i。

上述定理为我们利用协方差矩阵构造新的正交向量提供了技术支撑。根据该定理，我们可以得到如下性质：

（1）主成分向量 $F = (F_1, F_2, \cdots, F_n)$ 的协方差矩阵为对角阵，且

$$\text{COV}(\boldsymbol{F}, \boldsymbol{F}) = \begin{bmatrix} \lambda_1 & & & \\ & \lambda_2 & & \\ & & \ddots & \\ & & & \lambda_n \end{bmatrix}$$

（2）原随机向量 **X** 的各个分量方差之和等于主成分方差之和，即 $\sum_{i=1}^{n} D(X_i) = \sum_{i=1}^{n} \lambda_i$。

性质（2）说明用主成分 F 替代原随机向量 X，两个向量携带的信息量是一样的，也即评价能力没有改变。

我们把 $c_i = \dfrac{\lambda_i}{\sum\limits_{j=1}^{n} \lambda_j}$ 称为随机向量 X 的第 i 主成分 F_i 的方差贡献率，把前 k 个主成分的方差贡献率之和 $\sum\limits_{i=1}^{k} c_i$，称为前 k 个主成分的累计方差贡献率。

并非所有原始随机向量 X 都满足上述定理的条件，为此需要对随机向量矩阵按分量（指标）进行标准化，使其均值等于 0。比如在引入案例中，采用的是极差变换和正态标准化，变换后每个指标上的均值均为 0。推荐采用（0，1）正态标准化方法对随机变量标准化。这样不仅满足上述定理的条件，同时新得到的标准化后的向量，其协方差矩阵正好就等于 X 的相关矩阵 R。这样一来，我们就可以直接用原始随机向量 X 的相关矩阵 R 来求得特征值和特征向量了。

第四节　主成分分析技术的步骤

一般情况下，我们不可能穷尽所有方案，也不知道以随机变量形式出现的属性或指标的具体概率分布形式，因此，求取指标之间相关性或指标的方差，都只能在具体样本上进行。据此，我们可以给出主成分分析技术应用的步骤。

（1）构建指标体系，获取样本数据。假设有 n 个指标，m 个样本，决策矩阵 D 如下：

$$D = \begin{bmatrix} x_{11} & x_{12} & \cdots & x_{1j} & \cdots & x_{1n} \\ x_{21} & x_{22} & \cdots & x_{2j} & \cdots & x_{2n} \\ \vdots & \vdots & & \vdots & & \vdots \\ x_{i1} & x_{i2} & \cdots & x_{ij} & \cdots & x_{in} \\ \vdots & \vdots & & \vdots & & \vdots \\ x_{m1} & x_{m2} & \cdots & x_{mj} & \cdots & x_{mn} \end{bmatrix}$$

（2）数据标准化。数据标准化采用正态标准化，公式如下：

$$z_{ij} = \frac{x_{ij} - \bar{x}_{ij}}{\sigma_j}$$

$$\bar{x}_{ij} = \frac{1}{m} \sum_{i=1}^{m} x_{ij} \quad j = 1, 2, \cdots, n$$

$$\sigma_j = \sqrt{\frac{1}{m-1} \sum_{i=1}^{m} (x_{ij} - \bar{x}_{ij})^2}$$

指标数据经过正态标准化处理后，其均值为 0，方差为 1。

（3）计算相关系数矩阵 R。根据标准化指标数据，计算两两指标之间的相关系数，计算公式如下：

$$r_{ij} = \frac{\sigma_{ij}}{\sqrt{\sigma_{ii}} \sqrt{\sigma_{jj}}} \quad i, j = 1, 2, \cdots, n$$

因为数据标准化处理后，所有指标的方差为 1，即 $\sigma_{ii} = \sigma_{jj} = 1$，所以，上式又可以变换为

$$r_{ij} = \sigma_{ij} \quad i,j = 1,2,\cdots,n$$

由此得到相关系数矩阵。根据数据标准化过程可知，相关系数矩阵也就是标准化矩阵的协方差矩阵，两者等价。主对角线上数值均为 1，表示指标与其自身完全正相关。

（4）计算相关系数矩阵 R 的特征值和特征向量。根据矩阵 R 计算其特征值 $\lambda_1, \lambda_2, \cdots, \lambda_n$ 和每个特征值所对应的特征向量 $L_1, L_2, \cdots, L_n$。

（5）按方差贡献率提取主成分。将特征向量归一化，计算方差贡献率 $b_i = \dfrac{\lambda_i}{\sum_{j=1}^{n} \lambda_j}$，按照累计方差贡献率 $\sum_{i=1}^{k} b_i \geq 85\%$ 的原则，选取 k 个指标（$F_1, F_2, \cdots, F_k$）作为主成分，其对应特征向量 $L_1, L_2, \cdots, L_k$，主成分与原有指标之间通过特征向量建立联系，即 $F_i = L_i^T \cdot X$。

（6）分析主成分的经济学意义，并用于决策分析。

第五节 应 用 案 例

"兵马未动，粮草先行"，做好军事应急物资保障，对于提升军队机动效率、赢得自然灾害应急救援最后胜利具有重大意义。研究者分析了自然灾害军事物资应急配送需求分级影响因素，构建了军事物资应急配送需求分级评价指标体系，如图 6-2 所示。

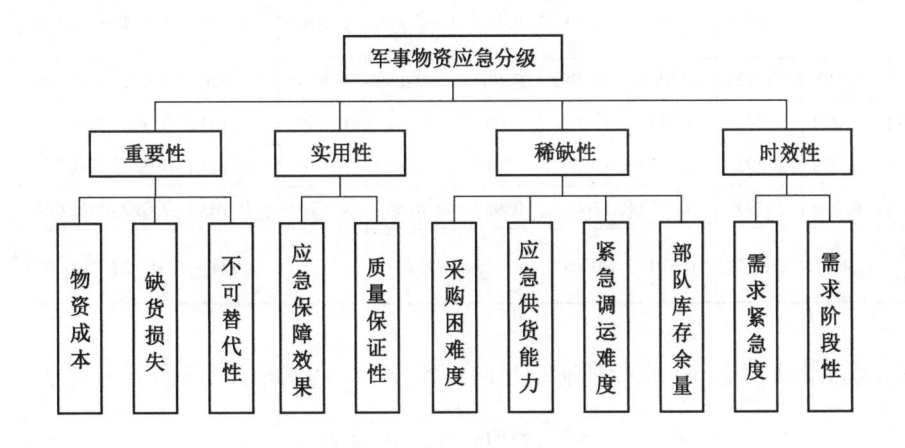

图 6-2 军事物资应急配送需求分级评价指标体系

研究者以军队执行地震灾害救援任务为例，选取了 18 种常用军事物资进行军事物资应急配送需求分级分析。邀请专家对这 18 种物资在 11 个二级指标（图 6-2）上进行 5 分制打分，形成原始打分矩阵。接着，利用正态标准化变换，对原始打分矩阵进行标准化，得到标准化数据见表 6-6。

表6-6 标准化专家评价表

物资	物资成本	缺货损失	不可替代性	应急保障效果	质量保证性	采购困难度	应急供货能力	紧急调运难度	部队库存余量	需求紧急度	需求阶段性
充气床垫	-0.978	-1.223	-1.062	-0.098	0.987	-0.850	0.876	-1.030	0.902	-1.359	-1.068
班用棉帐篷	1.839	0.035	0.759	0.785	0.987	0.541	0.159	-0.103	0.090	0.170	-1.068
软体储水罐	0.430	0.035	-0.152	-0.098	-1.234	-0.155	-0.557	-0.103	-0.722	-0.594	-1.068
发电机	1.135	1.293	1.670	0.785	-1.234	1.237	-0.557	0.824	-0.722	0.934	0.133
遥控探照灯	-0.274	0.035	-0.152	-0.098	-1.234	-0.155	0.159	-0.103	-0.722	0.170	0.133
取暖炉	1.135	0.035	-0.152	-0.982	-0.123	-0.155	-0.557	0.824	-0.722	-0.594	0.133
净水装置	0.430	-0.594	1.670	-0.982	-1.234	-0.155	-0.557	0.824	-0.722	-0.594	-1.068
诊疗背囊	-0.978	-1.223	-1.062	-0.982	0.987	-0.850	0.876	-1.030	0.090	-1.359	1.335
防疫药品背囊	-0.978	-1.223	-1.062	-0.982	0.987	-0.850	0.876	-1.030	0.090	-1.359	1.335
野战医疗车组	1.839	1.293	0.759	0.785	-1.234	1.933	-1.990	2.678	-1.534	-0.594	0.133
野战医疗器材	0.430	0.664	-0.152	-0.098	-0.123	1.933	-1.990	0.824	-1.534	-0.594	0.133
卫生员包	-0.978	-1.223	-1.062	-0.982	0.987	-0.850	0.876	-1.030	1.714	0.934	1.335
三角巾急救包	-0.978	-0.594	-1.062	-0.982	0.987	-0.850	0.876	-1.030	1.714	1.698	1.335
担架	-0.978	-1.223	-1.062	-0.982	0.987	-0.850	0.876	-1.030	0.902	0.170	1.335
战救药材	-0.274	1.293	0.759	1.669	-0.123	0.541	0.159	-0.103	0.902	0.934	0.133
野战食品	-0.978	1.293	-0.152	1.669	-0.123	-0.850	0.876	-0.103	0.902	0.934	-1.068
燃料	-0.274	1.293	-0.152	1.669	0.987	-0.850	0.876	-0.103	0.090	1.698	-1.068
食品冷藏保温箱组	0.430	0.035	1.670	-0.098	-1.234	1.237	-1.274	0.824	-0.722	-0.594	-1.068

根据标准化决策矩阵,求得所有指标向量各分量之间的相关系数矩阵,见表6-7。

表6-7 相关系数矩阵

指标	物资成本	缺货损失	不可替代性	应急保障效果	质量保证性	采购困难度	应急供货能力	紧急调运难度	部队库存余量	需求紧急度	需求阶段性
物资成本	1	0.505	0.710	0.264	-0.542	0.762	-0.755	0.815	-0.714	-0.109	-0.409
缺货损失	0.505	1	0.579	0.854	-0.489	0.572	-0.457	0.656	-0.394	0.446	-0.450
不可替代性	0.710	0.579	1	0.410	-0.734	0.683	-0.627	0.728	-0.551	0.068	-0.558

表 6-7（续）

指标	物资成本	缺货损失	不可替代性	应急保障效果	质量保证性	采购困难度	应急供货能力	紧急调运难度	部队库存余量	需求紧急度	需求阶段性
应急保障效果	0.264	0.854	0.410	1	-0.186	0.309	-0.095	0.327	-0.075	0.455	-0.548
质量保证性	-0.542	-0.489	-0.734	-0.186	1	-0.611	0.723	-0.740	0.702	0.122	0.410
采购困难度	0.762	0.572	0.683	0.309	-0.611	1	-0.912	0.818	-0.716	-0.129	-0.224
应急供货能力	-0.755	-0.457	-0.627	-0.095	0.723	-0.912	1	-0.881	0.841	0.293	0.281
紧急调运难度	0.815	0.656	0.728	0.327	-0.740	0.818	-0.881	1	-0.787	-0.107	-0.379
部队库存余量	-0.714	-0.394	-0.551	-0.075	0.702	-0.716	0.841	-0.787	1	0.458	0.332
需求紧急度	-0.109	0.446	0.068	0.455	0.122	-0.129	0.293	-0.107	0.458	1	0.030
需求阶段性	-0.409	-0.450	-0.558	-0.548	0.410	-0.224	0.281	-0.379	0.332	0.030	1

由相关性矩阵分析可知，所选择的 11 个指标具有较强关联性，反映出信息存有重叠，需要进一步的主成分分析。通过计算相关系数矩阵的特征值和特征向量，将 11 个指标的特征值由大到小排列，得到最大的 3 个特征值分别为 6.205、2.188、0.908。这 3 个指标解释了原有 11 个指标所蕴含的 84.561% 信息，见表 6-8。将这 3 个指标分别作为第 1 主成分、第 2 主成分和第 3 主成分，3 个主成分所占的权重比分别为 66%、24%、10%，计算原始指标在这 3 个主成分上的得分系数（即主成分与原始指标之间的线性关系系数），见表 6-9。将 3 个主成分的方差进行归一化，可以得到它们的权重分别为 0.6671、0.2352 和 0.0976。

表 6-8　成分方差贡献率

成分	方差	方差贡献率	累计方差贡献率/%
1	6.205	56.408	56.408
2	2.188	19.895	76.303
3	0.908	8.258	84.561
4	0.559	5.081	89.641
5	0.440	3.999	93.641
6	0.262	2.383	96.024

表6-8（续）

成分	方差	方差贡献率	累计方差贡献率/%
7	0.189	1.721	97.745
8	0.124	1.129	98.875
9	0.093	0.847	99.721
10	0.025	0.230	99.951
11	0.005	0.049	100.000

表6-9 原始指标在主成分上的得分系数

成 分	第1主成分	第2主成分	第3主成分
物资成本	0.137	-0.045	0.064
缺货损失	0.116	0.281	0.169
不可替代性	0.136	0.066	-0.122
应急保障效果	0.071	0.370	-0.125
质量保证性	-0.130	0.055	0.085
采购困难度	0.141	-0.061	0.325
应急供货能力	-0.143	0.157	-0.184
紧急调运难度	0.151	-0.038	0.148
部队库存余量	-0.133	0.189	0.071
需求紧急度	-0.015	0.379	0.445
需求阶段性	-0.086	-0.150	0.816

经过分析，可知第1主成分主要表达紧急调运难度、应急供货能力、采购困难度、物资成本、不可替代性5个指标，综合来看应定义为军事物资行动中获取难度系数。第2主成分主要表达应急保障效果、缺货损失和需求紧急度3个指标，综合来看应定义为军事物资行动中应用效益系数。第3主成分主要表达需求阶段性指标，应定义为军事物资行动中动态性要求系数。总的来看，3个主成分表达的侧重点区别明显，同时具有较强逻辑性和全面性，符合应急分级要求。

建立综合评价模型，计算原始数据在3个主成分下的分值以及综合得分，见表6-10。

表6-10 地震灾害军事应急物资需求分级评价

物 资	第1主成分	第2主成分	第3主成分	综合得分
充气床垫	-1.03	-0.31	-2.05	-0.959
班用棉帐篷	0.90	0.56	-0.64	0.664
软体储水罐	0.37	-0.40	-1.19	0.029

表 6-10（续）

物　资	第 1 主成分	第 2 主成分	第 3 主成分	综合得分
发电机	1.70	0.65	0.98	1.376
遥控探照灯	0.06	-0.15	-0.05	-0.001
取暖炉	-0.27	-0.91	0.18	-0.379
净水装置	0.06	-0.82	-1.27	-0.284
诊疗背囊	-1.75	-1.15	-0.03	-1.434
防疫药品背囊	-1.75	-1.15	-0.03	-1.434
野战医疗车组	2.39	-0.51	1.17	1.572
野战医疗器材	0.94	-0.88	1.01	0.510
卫生员包	-2.00	0.03	1.10	-1.203
三角巾急救包	-1.94	0.49	1.55	-1.008
担架	-1.88	-0.42	0.71	-1.271
战救药材	1.31	1.54	0.61	1.295
野战食品	0.89	1.89	-0.89	0.952
燃料	0.94	2.05	-0.47	1.065
食品冷藏保温箱组	1.06	-0.51	-0.69	0.508

在主成分因子分析的基础上，进行军事物资应急配送需求分级聚类分析，按需求等级划分为特急需求（Ⅰ级）、紧急需求（Ⅱ级）、较紧急需求（Ⅲ级）、一般需求（Ⅳ级）四级。其中，特急需求（Ⅰ级）有 4 种，分别为发电机（1.376）、战救药材（1.295）、野战食品（0.952）和燃料（1.065）；紧急需求（Ⅱ级）有 2 种，分别为野战医疗车组（1.572）、野战医疗器材（0.510）；较紧急需求（Ⅲ级）有 7 种，分别为班用棉帐篷（0.664）、食品冷藏保温箱（0.508）、软体储水罐（0.029）、遥控探照灯（-0.001）、取暖炉（-0.379）、净水装置（-0.284）、充气床垫（-0.959）；一般需求（Ⅳ级）有 5 种，为三角巾急救包（-1.008）、卫生员包（-1.203）、担架（-1.271）、诊疗背囊（-1.434）、防疫药品背囊（-1.434）。

思考题

1. 结合"多属性决策分析技术"中的变异系数法，探讨属性观测值的方差在属性权重求取和在主成分分析中所起的作用。

2. 某省应急部门对过境的长江流域水资源承载能力进行评价，作为未来水资源可持续开发的依据，促进水资源开发和经济社会发展相协调。影响区域水资源承载能力的因素有很多，这里选取了 6 个因素（表 6-11），并按照地级市分别评价，请用主成分法对其计量。

表6-11 水资源承载能力评价决策矩阵

地区	耕地灌溉率/%	水资源利用率/%	水资源开发程度/%	供水模数/(10^4 $m^3 \cdot km^{-2}$)	需水模数/(10^4 $m^3 \cdot km^{-2}$)	人均供水量/($m^3 \cdot$ 人$^{-1}$)
A市	72.35	67.93	14.32	11.04	10.30	766.82
B市	86.23	77.90	13.90	18.10	18.00	627.12
C市	95.51	76.70	96.55	102.20	100.30	742.33
D市	96.20	75.02	63.30	61.99	57.81	229.92
E市	79.03	77.66	55.59	65.93	65.88	175.36

第七章 博弈分析技术

学习目标

（1）掌握博弈模型构成要素及其分类、纳什均衡的描述性定义和性质，能够求取静态博弈和经典动态博弈的纳什均衡。

（2）理解博弈模型构建的假设，各类博弈模型及其均衡的异同点。

（3）了解博弈论的起源、发展及未来发展方向，以及信息在博弈论建模和求解中的作用等。

应急管理涉及政府、中介组织、企业、个人等多个利益攸关方，适合采用多方博弈分析理论来研究。实际上，博弈论也正在不断扩大其在应急管理领域的应用，特别是在灾害预防措施、救灾款项募集、救灾物资供应链协调、社会化参与机制，以及协调联动机制设计等方面，目前已经出现了一些成功的应用。

第一节 应用情境及引入案例

一、博弈分析技术在应急领域的应用情境

很多学者们认同这个观点，即博弈论可以在应急管理领域大有作为。然而，现状却是，国际应用远比国内应用要成熟和深入得多，应用领域也更广，模型也更加多变。如下是博弈论在国内应急领域的初步应用情境：

情境1：应急物资政企联合储备合作机理研究；
情境2：突发公共事件应急治理三方博弈；
情境3：基于非合作博弈的应急车辆调度与再配置；
情境4：基于演化博弈的应急物流最优仓库定位仿真；
情境5：突发事件应急管理中社会参与行为演化博弈分析；
情境6：基于动态博弈的核电厂核事故场外应急决策研究；
情境7：政企联合储备模式下应急物资储备及采购定价研究；
情境8：演化博弈下煤矿事故的应急救援能力建设及仿真分析。

二、引入案例

结合情境5，引入社会化参与应急管理机制方面的案例，介绍博弈论的应用。
鼓励社会组织参与应急管理体系建设，是提升应急管理能力和效果的重要措施，但是

目前，我国尚缺乏行之有效的应急管理社会化参与机制。

首先，研究者认为，突发事件应急管理具有公共品性质，每个社会组织都可以选择参与或者不参与，对于追求自身利益最大化的理性人，价格机制对于公共品是无效的。因此，研究者提出假设，社会团体之间在选择共同参与应急管理过程中存在协同效应，会为双方带来超额收益。

符号约定见表7-1。

表7-1 社会组织协同参与应急管理博弈的符号约定

参数	含义	参数	含义
a_1	社会组织A的参与收益	c_1	社会组织A的参与成本
a_2	社会组织B的参与收益	c_2	社会组织B的参与成本
b_1	社会组织A的协作超额收益	t	社会组织A和社会组织B的协作效率
b_2	社会组织B的协作超额收益		

根据假设和符号约定，构建如下演化博弈模型，见表7-2。

表7-2 社会参与应急管理演化博弈模型

策略		社会组织B	
		参与	不参与
社会组织A	参与	$(a_1+tb_1-c_1, a_2+tb_2-c_2)$	(a_1-c_1, a_2)
	不参与	(a_1, a_2-c_2)	$(0, 0)$

上述模型的求解需要借助复制动态方程技术，这里不再展开。根据演化初始形态（选择"参与"策略的可能性，或种群中选择"参与"策略的个体所占比例）和演进速率，研究团队给出了博弈双方的复制动态方程；基于复制动态方程，可初步判断系统6个潜在的均衡点。通过建立雅可比矩阵，研究者根据雅可比矩阵稳定性判定准则，即雅可比矩阵迹和秩的正负性，最后得出了结论。在6种情形下，除一种不能实现演化稳定均衡外，其他5种情形都可以实现演化稳定均衡。

为了使研究更加直观，研究团队对5种存在演化稳定均衡的情形进行了数值仿真，利用数值实验仿真，证实了均衡策略的确存在。

在研究的最后，为了实现预期的较好的均衡，即社会个体争相参与应急管理的目的（均衡），根据模型参数对于实现均衡目标和速率的影响，给出了改善社会个体参与的机制建设政策建议。

第二节 博弈分析技术的思想和理论基础

博弈论是研究有关游戏的理论，它的英文名称game theory，刚引入我国时称为对策论。博弈论确实是从研究游戏开始的，包括运动、比赛、扑克、象棋和围棋等。这些游戏有一些特征，它需要一些运气（随机性），但也需要一定专业水平（分析技术），才能取胜。并且，作为游戏一方，能否取胜，不仅仅取决于自身的策略，同时需要考虑到对手的专业水平或能力，即对手的策略。如果双方都足够专业，那么最后的结局一定是某一方会获胜，而不管游戏进行多少次。

1944 年，以 John von Neumann 和 Oskar Morgenstern 合著的经济学著作《博弈论与经济行为》的出版为标志，博弈理论初步形成，也标志着博弈论开始进入到经济学的广阔领域。1950 年，John Nash 在其毕业论文中提出，对于有限步骤内完成的非合作博弈，一定存在均衡解，这就是后来被称为"纳什均衡（Nash Equilibrium）"的博弈稳定策略，博弈论开始逐步构筑其公理化体系。纳什本人也因为其在完全信息静态博弈方面的突出贡献，以后所有博弈问题，包括动态和不完全信息博弈，其中的策略均衡都被冠以"纳什均衡"字样。

建立一个博弈问题模型，需要的要素包括博弈者（player）、博弈策略集（strategic set）、收益函数（支付函数，payoff function）、博弈方行动顺序（order）、信息结构（information）和行为逻辑等。确定了如上要素，就可以构建起一个博弈模型。

根据博弈者数量多少，可以将博弈划分为单人博弈（最优化）、双人博弈和多人博弈，博弈论研究最多的是双人博弈；根据博弈策略的多少，可以将博弈划分为连续策略博弈和离散策略博弈；根据博弈双方收益之间的关系，可以将博弈划分为零和博弈、常和博弈及变和博弈；根据博弈方的行动是否一致还是存在先后顺序，可以将博弈分为静态博弈、动态博弈和重复博弈；根据博弈的信息结构，可以将博弈分为完全信息博弈、完全但不完美信息博弈、不完全信息博弈等；根据博弈方的理性程度，可以将博弈划分为完全理性博弈和有限理性博弈（演化博弈）；根据博弈方在行动和策略选择上是否合作，可以将博弈划分为非合作博弈和合作博弈，非合作博弈是目前研究的主流。

博弈分析过程就是寻找博弈均衡的过程，博弈均衡可以根据纳什均衡的定义，或者纳什均衡的性质来寻找，其中并无高深的数学知识，无非就是比较大小和求取极值等。那么，纳什均衡的定义和性质是什么呢？我们先不借助符号，在双人博弈背景下，描述性地给出其定义和性质。

纳什均衡：在博弈中，双方各自选取了一个策略，如果在当前策略局势下，双方的收益比任何一方没有选择当前策略时的收益大，那么当前策略组合，就称为纳什均衡。

纳什均衡的性质：在纳什均衡局势下，双方都不愿意单独改变其策略。

注意，纳什策略不一定是帕累托最优。有时候，如果双方同时改变策略，有时可以获得更大收益，但如果没有人去协调一致这样的行动，这种局势就难以实现；在纳什均衡局势下，任何一方单独改变其策略，就意味着对这一方来讲更低的收益。

第三节 博弈分析模型及求解

一、静态博弈模型

静态博弈指的是博弈双方同时行动，任何一方在选择其策略时，都不能观察到另一方的策略选择。基于上述表述，静态博弈也可以意味着博弈双方不必同时行动，只需要保证各自选择的策略不被对方观察到就可以了。比如，商业竞争中的策略选择和囚徒困境等。

在恐怖袭击、网络攻击、战争、自然灾害事故领域，经常会用到一类攻击－防卫模型（attacker－defender model），我们给出其一个简化的静态博弈版本。

博弈的背景是这样的。三国时期，曹魏派征西将军邓艾等发起灭蜀之战。战争后期，蜀国大将姜维，经历强川口战败后，退守剑阁，邓艾则屯兵阴平城。邓艾有两条路可以选择：一是走大路，进攻剑阁；二是抄小路，偷渡德阳亭，绕过剑阁，直取成都。姜维也有两个策略可选：一是死守剑阁关隘，此关易守难攻；二是在德阳亭设伏。对峙时，邓艾和姜维各有2个营的兵马。如果邓艾选择走小路，则山路崎岖，即使不与姜维兵马遭遇，也会失去1个营的兵马；但是，若偷袭成功，姜维也因此遭受致命损失；如果姜维选择埋伏在小路上，以逸待劳，则邓艾兵力会损失殆尽，姜维不会有太大损失。如果邓艾选择走大路，进攻剑阁，则双方均会损失1个营兵力，双方僵持不下；如果邓艾选择进攻剑阁，而姜维选择在德阳亭等待伏击，则邓艾会偷袭成功。

有了博弈双方、策略和收益，就可以建立模型见表7－3。该模型称为博弈的策略型或战略型。策略型是表达静态有限策略博弈的标准形式。

表7－3 魏蜀攻防模型

G_1		邓艾	
		剑阁	德阳亭
姜维	剑阁	－1，－1	－5，－1
	德阳亭	－5，0	0，－2

根据表7－3博弈模型，这是一个变和博弈，策略是对称的，但收益并不对称。根据模型可知，对于邓艾来讲，走大路进攻剑阁，是走小路进攻德阳亭的弱占优策略，邓艾应该不会选择进攻德阳亭。对于姜维来讲，从大路死守剑阁也是其最佳选择，（剑阁，剑阁）是双方的纳什均衡，此时的战争就是兵力比拼的消耗战。

针对表7－3的模型需要指出的是，博弈双方的收益不是双方收益的现值，而是收益的变化值，这一点在建模时需要格外注意。

我们将上述模型变为更一般化的攻击防卫模型。博弈背景大致是，攻守博弈中，攻击者有两个策略（攻击A，不攻击NA），防卫者也有两个策略（防卫D，不防卫ND）。攻击者的常态是不攻击，而防卫者的常态是防卫。如果攻击者选择不攻击策略，防卫者选择防卫，均为各自常态化策略，收益无增减，均为0；如果攻击者不攻击，而防卫者选择不防卫，即偷懒策略，此时防卫者会有一个额外收益$S>0$。如果攻击者开始攻击，防卫者采取常态防卫，则防卫者收益无增减，而攻击者很可能被抓获，收益（被处罚）为$-P<0$；如果攻击者攻击，防卫者继续偷懒，不去防卫，则防卫者会损失（被处罚）$D>0$，而攻击者会得手，得到收益$V>0$。

根据以上描述，可建立一般化攻防博弈模型，见表7－4。

表7-4 一般化攻防博弈模型

G_2		攻击者	
		攻击 A	不攻击 NA
防卫者	防卫 D	0, $-P$	0, 0
	不防卫 ND	$-D$, V	S, 0

分析一般化攻防模型发现，双方都没有（弱）占优策略，因此，必须采用混合策略参与博弈。

假设防卫者以 $(p, 1-p)$ 的概率混合其两个策略，而攻击者必须以 $(q, 1-q)$ 的概率混合其策略来应对。用 U_{ij} 来表示博弈者 i 采取第 j 个策略，则此时，双方的收益为

$$U_{11} = 0 \times q + 0 \times (1-q) = 0$$
$$U_{12} = -D \times q + S \times (1-q)$$
$$U_{21} = -P \times p + V \times (1-p)$$
$$U_{22} = 0 \times p + 0 \times (1-p) = 0$$

可以看到，双方的收益不仅与自己的收益（函数）有关系，还与对方策略的混合状况或混合策略有关。如果假设 D、P、V 和 S 均为已知常数（现实中确实如此），则双方收益就只与混合策略有关了，4个收益如图7-1所示。

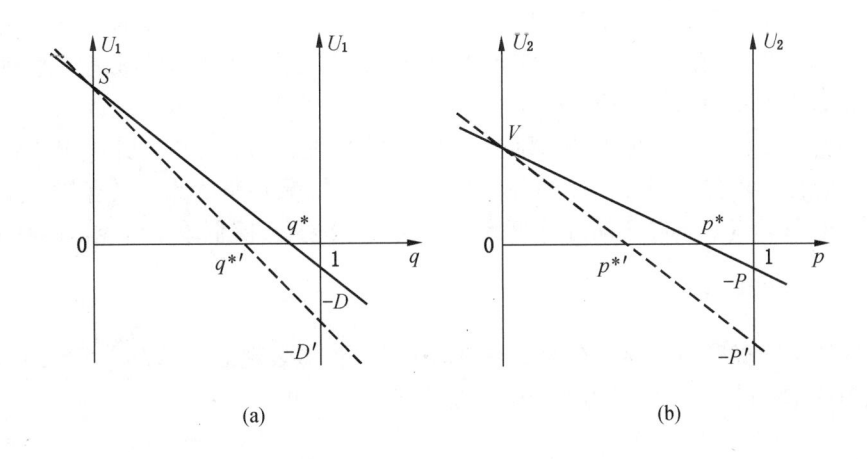

图7-1 一般攻防模型收益分析

双方之所以混合策略，其动机均在于让对方没有占优策略，也即让对方所有策略的收益相同，或部分策略收益相同，其他策略收益更低。按照这个思路，可以令 $U_{11} = U_{12}$，$U_{21} = U_{22}$，也即 $-D \times q + S \times (1-q) = 0$，$-P \times p + V \times (1-p) = 0$，对两式进行代数运算后可得：

$$p^* = \frac{V}{P+V}$$

$$q^* = \frac{S}{D+S}$$

此即该博弈的纳什均衡，表示为 $\left\{\left(\dfrac{V}{P+V}\mathrm{D},\dfrac{P}{P+V}\mathrm{ND}\right),\left(\dfrac{S}{D+S}\mathrm{A},\dfrac{D}{D+S}\mathrm{NA}\right)\right\}$。这两个均衡点也标示在图 7-1 中。

作为防守一方，当然希望降低对手攻击的频率（这样就可以降低防守的频率）。倘若采取加大对攻击者处罚的措施，即加大 P，使得攻击者一旦被抓获，受到的处罚更多一些，达到 P'，如图 7-1b 所示。此时，如果防守者继续保持勤勉，按照原有频率进行防守，则攻击者选择攻击策略的收益为负，此时攻击者的最佳策略就是不攻击。但是，这显然是临时状态。防守者也知道对手不会来攻击它了，也会选择逐步降低其防守频率的方式，来使得自己获得更大的收益（可以休息），只要 $p > p^{*'}$，攻击者收益始终为负，防守者都可以高枕无忧，一直到 $p = p^{*'}$ 出现，这时双方又达到了新的纳什均衡，攻击者又开始在两种策略之间混合它的策略，也即又开始选择随机攻击了，且攻击的频率不变，因为攻击者的攻击频率和 P 没有关系。可以看到，增加对攻击者的处罚，并不能降低其攻击的频率，只会使得防守者防守的频率降低，防守者更懒了，于是进一步提出加大对攻击者的处罚措施，以至于把 P 增加到无限大的程度，此时防守者就可以一直处于偷懒休息状态了，而对手的攻击频率仍旧未变。

那么，换种思路，加大对防守者疏于防守的处罚，可不可以降低攻击者攻击的频率呢？答案是肯定的。

如果加大对防守者疏于防守的处罚，即让 D 增大到 D'，若攻击者继续保持原有频率进行攻击，显然防守者的收益变为负值，防守者会选择一直维持防守策略，攻击者此时只有降低其攻击频率 q^* 到 $q^{*'}$，此时防守者终于松了口气，又可以以原有频率混合他的策略了。双方又达成了新的纳什均衡。

上面的博弈分析过程，称为"激励的悖论"。表面上，加大对攻击者（犯罪者）的处罚，应该能降低其攻击（犯罪）的频率，然而，实际情况并非如此。只有加大了对防守者（社会治安管理者）的疏于防守（懒政）处罚，才能真正降低攻击者攻击的频率。

二、动态博弈模型

动态博弈，又称顺序博弈，有限策略的动态博弈模型表现形式称为扩展型，其像一棵向下生长的树木。图 7-2 所示为安全生产监管博弈扩展型。

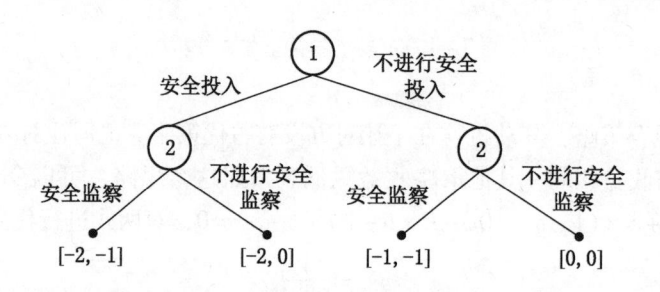

图 7-2 安全生产监管博弈扩展型

该博弈的背景是这样的。博弈双方是一家企业和一个当地的安监部门。在一个时间周期内，一家企业可以选择按要求进行安全生产方面的投资，也可以选择不进行任何安全投资；安监部门在该时间周期的期末，可能会采取对企业的安全生产监察，开展此类监察对于安监部门人员来讲耗时费力，会带来一定的负效应；如果监察到有企业没有进行安全生产方面的投入，则要对企业进行额外处罚。

在上述博弈中，企业是博弈者1，先行行动；安监部门作为博弈者2，能够观察到企业的行动。4种局势下，双方的收益写在博弈树的末梢。

分析求解动态博弈模型的基本方法称为逆向归纳法，即从后动博弈者入手。通过分析安监部门的收益，我们发现，无论企业是否选择进行或不进行安全投入，安监部门都应该选择"不进行安全监察"，该策略一直是占优策略。作为理性人，企业当然也看到了安监部门的决策，所以企业的最佳策略是"不进行安全投入"。此时的纳什均衡，在动态博弈中，称为子博弈精炼纳什均衡，即 {"不进行安全投入"，"不进行安全监察"}。

当然，这对公共利益显然是不利的，需要进一步的机制设计，使得安监部门愿意投入精力，加大监管和处罚力度，使安全生产投入和其他正常生产投入一起，成为企业投资建设和生产经营活动的必选项。

思考：五海盗分金博弈中，每个人的策略是什么？

三、博弈分析技术的步骤

1. *分析问题中的博弈要素*

一般地，建立博弈模型或任何数学模型，都需要一定程度的抽象，需要明确博弈问题的要素，适合用什么样的模型去描述该问题。同时，还要知道双方各有什么样的策略集合，以及双方的收益函数该怎么确定。

2. *提出假设和符号约定*

任何模型都需要做出数量不少的假设，假设越多，模型越具体，但其适用范围也会越小。一般地，我们会在经典或已有模型上进行扩展，通过放松模型假设，进而建立新的模型；新建模型通过更简单可行、符合实际的假设，替代原有假设，使得问题更具现实意义。符号约定指的是，在建立博弈模型过程中，我们有时很难确定一些参数的具体数值，或者其本身就有一个变动范围，不适合具体化，因此需要约定参数的符号表达，变量的符号也需要提前约定。

3. *构建合适的博弈分析模型*

首先要明确是建立静态博弈、动态博弈、演化博弈，还是微分博弈模型？在研究竞合关系时，更加关注其是竞争还是合作？模型中，哪些信息是已知的，哪些是未知的，信息是否完美和完全？等等。一般情况下，由易到难，先分析静态、后分析动态，再分析不完美到不完全，先竞争再合作，循序渐进，每种模型的分析技术都有其独特之处。

4. *模型求解*

博弈模型的求解，难点在于参数和变量符号众多，符号化代数运算有时非常烦琐，可借助的工具也十分有限，过程也容易出错。模型分析的机理或原理倒是不难，会用到高等数学、线性代数和概率等某些知识点。

5. 结果分析（仿真及灵敏度分析）

博弈模型求解的魅力就在于所得纳什均衡的稳定性分析。求得了纳什均衡，我们最好还要能够说明，所求得的纳什均衡符合纳什均衡的性质，即任何一方都不愿意独自偏离该纳什均衡，这也是对纳什均衡稳定性的验证。

另外，因为博弈模型常常是符号化运算，纳什均衡变量之间，均衡下收益与纳什均衡和其他变量之间，参数变动对纳什均衡和收益的影响方向和程度等，都需要借助数值仿真获得更加直观的体验。

第四节 应 用 案 例

政府监管对于民用机场主动加强风险管控、减少甚至杜绝各类违章行为，降低各类不安全运行导致的事故损失，具有非常重要的作用。双方相互冲突又彼此依赖的关系，适合采用博弈论来研究。

在建立静态博弈模型前，需要对模型中变量和参数做一些预定，见表7-5。

表7-5 政府-民用机场安全监管静态博弈模型变量和参数

符号	参 数 说 明	参数赋值
μ	政府监管时能够发现机场存在不安全运行的概率	0.8
α	政府选择监管的概率	—
β	机场选择安全运行的概率	—
C_g	政府监管时所需要承担的监管成本	2
C_{a1}	机场安全运行，需承担的安全成本	1
C_{a2}	机场不安全运行，需承担的安全成本	0.8
R_g	机场安全运行，给社会产生的社会福利	10
R_{a1}	机场安全运行，所获得的收益	10
R_{a2}	机场不安全运行，所获得的收益	15
D_g	发生不安全事件，政府处理善后工作所需成本	20
D_a	发生不安全事件，机场处理善后工作所需成本	20
f	机场安全运行状况良好，政府对它的奖励	0.8
p	政府发现机场不安全运行时，对它的处罚	5
θ	机场不安全运行，出现不安全事件的概率	0.1
π_i	$i=\alpha$ 或 β，监管部门、机场的支付函数	—
π_j	$j=g$ 或 a，监管部门、机场达到均衡时的期望收益	—

假设1：民用机场代表的是具有企业性质的利益寻求方，在给自身创造利益的同时给社会带来福利；政府代表社会福利，监管不力导致的不安全事件给社会造成的损失将视为政府的损失。双方在博弈过程中策略的选择依据是各自实现自身利益最大化。

假设2：政府对民用机场进行监管，也无法完全避免出现监管漏洞。假设政府监管情况下，民用机场不安全运行被发现的概率为 $\mu(0<\mu<1)$，体现政府对机场安全运行监管的能力。

假设3：政府对民用机场监管过程中以 $\alpha(0\leq\alpha\leq1)$ 的概率选择对安全运行状况进行监管，α 的大小表示对机场监管的严格程度或者抽查比例。两种极限情况下，$\alpha=1$ 或者 $\alpha=0$ 表示政府对机场监管或者不监管。民用机场在进行安全生产过程中以 $\beta(0\leq\beta\leq1)$ 的概率按照政府各项规章制度运行，即 β 的大小表示机场选择安全运行的概率。两个极限情况下，$\beta=1$ 或 $\beta=0$ 表示民用机场安全运行或无视法规不安全运行。

假设4：政府选择监管意味着政府需要支付较高的监管成本 C_g，因此政府监管很难保证实时性。由于监管不力导致民用机场出现不安全事件的概率上升，发生不安全事件政府处理善后工作必须承担损失成本 D_g。若政府对民用机场监管过程中发现安全运行效果良好，未存在不安全运行的现象，则将对机场奖励 f；反之，若发现存在不安全运行的现象，将对机场进行处罚 p，并责令整改。

假设5：假设民用机场完全安全运行，未发生不安全事件，将产生社会福利 R_g（这里视为政府收益），同时机场将获益 R_{a1}。安全运行需要投入的安全成本为 C_{a1}。另外，机场不安全运行仅需要投入安全成本 C_{a2}，而获得的收益为 R_{a2}；出现不安全事件的概率为 θ $(0<\theta<1)$，若机场原因发生不安全事件，机场必须承担后续成本 D_a（包括政府对它的罚款）。

根据以上假设和符号约定，可以建立如下政府－民用机场监管博弈模型，见表7-6。

表7-6 政府－民用机场监管策略博弈模型

G_{gc}		政府监管部门	
		监管 α	不监管 $1-\alpha$
民用机场	安全运行 β	$R_g-C_g-f, R_{a1}+f-C_{a1}$	$R_g, R_{a1}-C_{a1}$
	不安全运行 $1-\beta$	$(1-\theta+\mu\theta)R_g+\mu p-C_g-(1-\mu)f-(1-\mu)\theta D_g,$ $\mu(R_{a1}-C_{a1}-p)+(1-\mu)$ $((1-\theta)R_{a2}+f-\theta D_a-C_{a2})$	$(1-\theta)R_g-\theta D_g,$ $(1-\theta)R_{a2}-\theta D_a-C_{a2}$

根据上述矩阵，监管部门对民用机场选择监管和不监管的期望收益分别为
$$\pi_a=\beta(R_g-C_g)+(1-\beta)((1-\theta+\mu\theta)R_g+\mu p-C_g-(1-\mu)f-(1-\mu)\theta D_g)$$
$$\pi_{1-a}=\beta R_g+(1-\beta)((1-\theta)R_g-\theta D_g)$$
同理，民用机场在进行安全生产中采取安全运行和不安全运行的收益分别为
$$\pi_\beta=\alpha(R_{a1}+f-C_{a1})+(1-\alpha)(R_{a1}-C_{a1})$$
$$\pi_{1-\beta}=\alpha(\mu(R_{a1}-C_{a1}-p)+(1-\mu)((1-\theta)R_{a2}+f-\theta D_a-C_{a2}))+$$
$$(1-\alpha)((1-\theta)R_{a2}-\theta D_a-C_{a2})$$
对民用机场安全运行监管静态博弈模型进行求解，令政府博弈方在监管与不监管时期望收益无差异时可得到机场安全运行的概率 β^*，即令 $\pi_\alpha=\pi_{1-\alpha}$，可得：

$$\beta^* = 1 - \frac{C_g}{\mu\theta(R_g + D_g) + \mu p - (1-\mu)f}$$

同样，令民用机场在安全运行与不安全运行的期望收益无差异时可得到政府监管部门选择监管的概率 α^*，即令 $\pi_\beta = \pi_{1-\beta}$，可得：

$$\alpha^* = \frac{[(1-\theta)R_{a2} - \theta D_a - C_{a2}] - (R_{a1} - C_{a1})}{\mu(((1-\theta)R_{a2} + f - \theta D_a - C_{a2}) - (R_{a1} - C_{a1} - p))}$$

根据对模型的分析与求解发现，模型存在一个纳什均衡（α^*，β^*）。即博弈双方采用纳什均衡所示结果进行博弈，民用机场安全运行静态博弈模型能够达到均衡状态。

思考题

1. 试分析如下经典静态博弈模型，指出它们在博弈结构上的相似之处。在应急管理中，找出几个满足囚徒困境或降价博弈结构的具体案例。

囚徒困境模型

G_1		P_2	
		合作	背叛
P_1	合作	−1，−1	−5，0
	背叛	0，−5	−3，−3

降价博弈模型

G_2		P_2	
		不降价	降价
P_1	不降价	100，100	0，150
	降价	150，0	50，50

2. 在一般化攻防博弈模型中，攻防双方为什么选择混合他们的策略？请结合石头剪刀布游戏，谈谈你对混合策略均衡的理解。

3. 试求解如下博弈策略型的纳什均衡。

G_1		P_2		
		L	C	R
P_1	U	2，0	1，1	4，2
	M	3，4	1，2	1，3
	D	1，3	0，2	3，0

(续)

G_2		P_2		
		B_1	B_2	B_3
P_1	A_1	4, 3	5, 1	6, 2
	A_2	2, 1	8, 4	3, 4
	A_3	3, 0	9, 6	2, 8

4. 安全监管机构与化工企业之间动态博弈的博弈树如图 7-3 所示。图中可以看出，安全监管机构对于以往生产安全工作做得好的企业可以实行免检，以降低安监工作量。但是，化工企业在实现免检后，会选择性地偷懒，疏于安全防范，又会加大安全事故发生的概率。为此，安全监管机构声称，将在一个免检期内对化工企业安全生产投入和自检工作进行复查。双方的收益已在图 7-3 中标示，请给出此博弈的子博弈精炼纳什均衡。

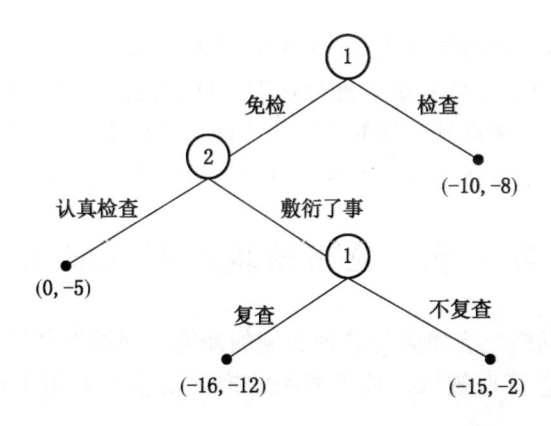

图 7-3 安全监管机构-化工企业博弈树

第八章　基于案例的推理技术

学习目标

(1) 掌握基于案例推理 (case-based reasoning, CBR) 技术的一般流程，能够使用至少一种扁平化结构案例库的搜索技术。

(2) 理解 CBR 技术类比推理的思想和基于 CBR 技术决策的特点，深刻领会 CBR 技术对应急救援和指挥的重大意义。

(3) 了解案例库构建和案例表示，掌握案例库检索和相似性判断的相关技术。

突发灾害事故的应急救援指挥决策，特别需要基于以往同类灾害事故处置的案例库，以及基于 CBR 技术的决策支持系统来进行辅助。这样的决策系统能够帮助决策者决策，在特定突发情境下，应该采取什么样的应急处置行动，并且可以预测采取何种行动，将会给应急决策者带来何种后果等。这其实也是对应急指挥机构和人员知识及能力的模型化。

第一节　应用情境及引入案例

CBR 技术已成为网络经济和应急管理领域的新宠，网络经济旨在寻找顾客的兴趣点和购买行为，而在应急管理领域，基于案例的推理技术主要用于构建自动化决策支持系统。

一、CBR 技术在应急领域的应用情境

情境 1：煤矿事故应急救援案例推理系统研究；
情境 2：应急情报智能决策支持系统研究；
情境 3：危险品航空运输事故应急决策研究；
情境 4：滑坡灾害应急相似案例智能生成研究；
情境 5：突发水环境污染处理专家系统研究；
情境 6：地震应急本体案例库构建及案例检索研究；
情境 7：突发事件应急预案动态生成研究；
情境 8：重大突发公共卫生事件应急医疗物资的需求获取。

二、引入案例

结合情境 1，引入煤矿事故应急救援案例推理系统，说明基于案例的推理技术的应用背景和功能。

为了利用以往相似的煤矿事故救援经验和知识，指导当前事故救援，需要构建一个煤矿事故应急救援案例推理系统。

构建一个基于案例的推理系统，核心任务是案例库中案例的表达和案例库检索，案例检索过程需要用到案例相似性判断。

关于案例的表达，结合煤矿事故案例的特点和应急决策的需求，把事故案例概括为案例概要、事故情景、事故经过、事故救援、事故原因和善后处理6个大类。其中，案例概要和事故经过两个大类，比较简单，就直接通过属性描述，其余4个大类又可延伸出更细的子类，子类再用属性描述。属性分为对象属性、数据属性和注释属性3类。

定义了类别和属性后，就可以逐个录入煤矿事故案例，案例库就可以建立起来了。接下来的任务就是在案例库中寻找与当前煤矿事故应急救援的案例（称为目标案例），最为相似的源案例了。

首先采用结构相似度，排除那些多属性值为空的案例；之后采用 Hamming 距离表示案例数值型属性之间的相似度，采用相对面积法计算模糊属性之间的相似度，采用特征向量夹角余弦来表示处理后的文本数据之间的相似度。最后整合所有属性上的相似度，得到整体相似度，用来度量目标案例和源案例的相似度。至于各属性的权重，本案例库采用了基于专家意见的主观权重确定方法。案例库检索策略采用先找事故大类、再最近邻搜索的策略来进行。

第二节　CBR 技术的思想、流程和特点

一、CBR 技术的思想

基于案例的推理技术源于美国耶鲁大学 Roger Schank 教授于 1982 年所提出的动态记忆理论。1983 年，Janet Kolodner 领导开发了世界第一个基于 CBR 技术的人工智能系统，即 CYRUS，实现了 Roger Schank 教授在其著作中提出的基于案例推理的技术思想。随后，各类基于 CBR 技术的应用系统被开发了出来，并广泛应用于热门领域，例如电子商务、医疗诊断、分类器、设备故障、智能教学以及辅助决策等。

案例推理技术的思想实质是，针对突发未知的案例（称为新生或目标案例），不能确定应该采取哪种应急方案对策，这时候可以通过对以往所发生的案例梳理，找到与新生案例最为相似的案例，并利用已有案例中解决问题的思路和方案，对其加以修正，可以用来解决新的实际问题。对新问题的解决方案再加以总结、并存储，可以大大提高今后类似新问题的处理效率。

案例推理技术在人工智能领域应用极其广泛，它是人工智能领域中迅速崛起的一种问题求解和学习的方法，它的闪光点在于能够模拟人脑，模拟人类的直觉思考模式，通过不断积累、不断更新历史方案来解决新问题。

二、CBR 技术流程

CBR 技术是通过访问知识库中过去类似问题的解决思路、方法、过程和结果，从而

获得当前新问题解决方案的一种类比推理技术。一般地，CBR 技术可由"4R"循环实现。

1. 案例的检索（case retrieve）

把目标案例的特征值作为索引去案例库中搜索相似案例，最终要获得相似案例候选集，并计算检索到的候选案例集和目标案例之间的相似性，对各相似性进行比较，并确定最合适的相似案例。

2. 案例的重用（case reuse）

计算所选择案例库中的源案例与目标案例之间的相似性，根据实际情况对其进行修改后，重新使用获得最佳相似案例的解决方案，让它成为新案例解决方案的参考。将最相似案例的解决方案嫁接到目标案例的解决过程中，并根据目标案例的实际情况修改所选相似案例的解决方案，以适应新案例的需要，并使其成为一个科学的解决方案。

3. 案例的修改（case revise）

对提出的新问题的解决方案加以测试，并按照问题的实际情况做出适当的更改，最终提出最优的解决方案。

4. 案例的学习（case retain）

对新问题的解决方案加以整理后，也存储到案例库中。

至此，经过一轮"4R"流程，对案例知识的学习最终得以实现。

CBR 技术流程图也可以用图 8-1 表示。

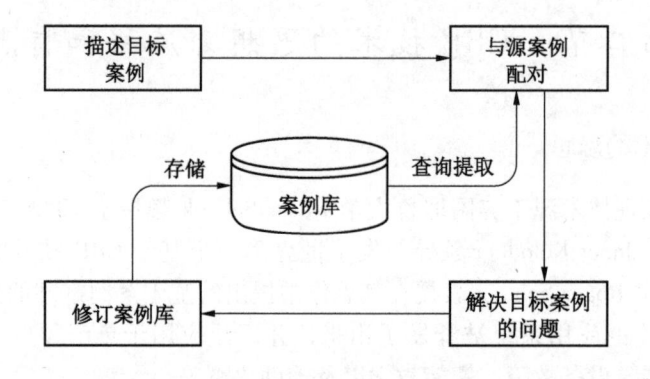

图 8-1　CBR 技术流程图

三、CBR 技术的特点

同其他人工智能技术相比，CBR 技术呈现出自身独有的一些特点。

1. 知识获取比较容易

对于 CBR 来讲，不需要决策者从案例中抽象出一般化的理论形成行为规则，因为案例本身就提供了决策系统所需的所有知识，避开了知识获取的瓶颈问题。

2. 增量式学习模式

CBR 技术可以从以往案例提供的经验中学习，也可以在解决新案例过程中，吸收专家的建议，形成新案例的解决方案，并对案例库进行扩充和维护，不断提升系统经验水平和推理的能力范围，实现增量学习。

3. 求解效率更高

CBR 系统的推理速度明显提高，即使对于全新的问题，CBR 技术也不会从头开始思考分析问题，它只需要从案例库中找出以往相似的案例，就能够迅速给出一个可行的解决方案。

4. 解决方案更易为决策者所接受

CBR 技术模仿的是人类自己的思维模式，并不像其他诸如神经网络技术等决策技术，提供的决策过程并不透明，结果难以向应急决策者解释。CBR 技术符合人类认知习惯，基于人类已有成功经验，便于被应急决策者所解释和使用。

第三节　基于 CBR 的决策技术

一、案例表示

在基于案例的推理过程中，案例表示问题的实质，就是使用什么样的结构表示案例，将什么信息存入案例，以及如何组织、索引以提高检索和重用效率的问题。案例一般由问题的描述、相应的解决方案以及方案实施效果 3 部分组成。其中，问题的描述及相应的解决方案是案例描述时必须包含的信息，方案的实施效果则是根据案例库建立的需求而定的。因此，一般的案例表示应至少包括问题的描述及相应的解决方案，一般案例描述为二元组的形式＜问题；解决方案＞；若要描述出解决方案的实施效果，则可表述为三元组的形式＜问题；解决方案；实施效果＞。

最简单的表示案例的方法，是使用属性 – 值对。例如，要描述一次地震灾害中的致灾因子，我们就用震级、震中位置、发震时间和震源深浅等属性来描述它，且每个属性都会有一个属性值，属性值可以是数值型数据、地理坐标、时间、文本、声音、图像、遥感数据和比例结构信息等等。我们把这些属性组成的集合称为属性集，所有属性值组成的向量称为属性值向量。

我们知道，一个事物或行动往往存在很多属性，怎么能够确保所选择的属性是足够的、没有遗漏掉一些重要属性，并且所有选择的属性确实都是描述研究对象所必要的呢？

首先，属性的选择和研究问题的类型相关，问题往往就是一个暂时没有找到解决方案的案例，这就需要在面对、思考和最终解决这个问题上积累的经验，因此，选择问题属性的过程就是一个向经验要答案的过程，也是一个案例收集的过程。其次，需要强调，即使找到了表示案例所有必要的属性，这些属性的重要性也是不一样的。

案例表示的方式，称为案例库的模型。当前，存在如下 3 种常用的案例库模型。

1. 动态记忆模型

该模型由 Roger Schank 提出。在该案例库模型中，记忆组织包是案例库最基本的单元，分为两种：一是实例，表示案例事件或对象；二是抽象实例，表示案例的推广。记忆组织包是由情景组成的序列，它将共有类似特征的某几类事物组成一个更一般的事物类。

2. 剧本模型

剧本模型是用事件序列表达案例知识，并以具体形式描述各个事件。

3. 范畴模型

该模型由 Michael Porter 提出，也称为类型 – 案例模型。根据人类思维过程的分析，将自然概念的不同特征辅以不同的重要度，以描述一个案例对于某一范畴的从属关系。

二、案例库构建

一个案例库就是一个知识库，是许多案例的集合。案例库代表着我们的记忆和经验，也是基于案例的推理的数据源。

案例库既然这么重要，该如何组织案例呢？一般有扁平化、结构化与非结构化3种组织形式。

扁平化组织形式是最简单的一种数据组织形式，也最适合于只有少量案例的案例库，见表8-1。表的左侧是属性，右侧有6个案例，只是属性值不同而已。案例相互之间没有关系，也即每种案例的表示是完全信息的。

表8-1 头痛原因诊断案例库

属性	案例ID						
	案例1	案例2	案例3	案例4	案例5	案例6
恶心	是	是	是	否	否	是
发热	是	否	否	否	否	否
萎靡不振	晕眩	晕眩	晕眩	否	否	萎靡
血压	正常	正常偏低	高	正常偏高	正常	正常偏高
视力变化	否	是	否	否	否	否
呼吸短促	否	否	是	否	否	否
病人名字	张×	李×	王×	马×	陈×	刘×
诊断结论	流感	偏头痛	心脏问题	压力	维生素缺乏	宿醉

案例组织也可以是结构化的，比如层次结构或网络结构。两个案例之间总有不一样的联系。结构化案例组织形式适合于案例数量非常大的时候。

还有些案例通常藏在一些文本描述或图像里，即所谓的非结构化案例。

三、案例检索

相似案例的检索是 CBR 的一个关键环节。案例检索就是从案例库中搜索出与目标案例最为匹配（即最为相似），对目标案例最有帮助的案例，案例检索的过程就是一个查找和匹配的过程。在 CBR 中，相似案例的检索要达到检索出的相似案例尽量的少，以及检索出的案例与目标案例尽可能地相似这两个目标。

CBR 中相似的概念并不是一般意义上的相似，而是一种多态的概念，或多维度比较匹配的概念。相同的案例库，如果研究目的不同，也会导致不同案例之间的相似程度存在差异。

目前比较常用的案例检索算法有知识引导法、神经网络法、归纳索引法和最近相邻法。

随着案例库中案例知识的增多，以上几种方法的检索效率就会降低，单独使用都会存在一定的不足，因此可能需要在案例检索时将多种方法结合在一起使用。例如，将归纳索引法与最近相邻法结合，首先根据目标案例中权值比较大的特征属性对案例库中的案例进行分类，初步检索出与目标案例较为匹配的案例候选集；然后使用最近相邻法对案例候选集中的案例逐个进行匹配，选出与目标案例最为匹配的案例。

简单介绍一种与我们直观感觉比较接近的搜索技术——最近邻检索。

最近邻检索法由 Janet Kolodner 于 1993 年提出，是一种比较常用的案例检索方法，同时也是一种基于距离的相似性度量方法。这种方法首先给出案例间距离的定义，将目标案例视为空间中的一个点，找出与这个点最近的点，即为相似案例。利用这种方法不仅要计算案例属性之间的距离，由距离得出相似度，同时还要给出属性的权值。将目标案例的特征和候选集中的案例描述的特征指标进行相似度计算，然后根据特征指标的权值计算出两个案例之间的相似度，从而求得与目标案例最为相似的案例。最近邻检索法可用如下公式表示：

$$\mathrm{SIM}(c_g, c_r) = \frac{\sum_{i=1}^{n} w_i \times \mathrm{SIM}(f_i^g, f_i^r)}{\sum_{i=1}^{n} w_i}$$

式中　　SIM——相似性函数；

　　　　c_g——目标案例；

　　　　c_r——检索到的案例；

　　　　w_i——案例特征或属性的权重值；

　　　　f_i^g, f_i^r——分别表示目标案例和检索案例的特征值。

四、案例相似性判断

从案例库中检索最相似案例的过程，就是相似性评估的过程。拿最简单的属性-属性值对表示的扁平化案例库举例，评估案例之间的相似性涉及两个方面概念：一是属性的相似性判断；二是每一个属性的相对重要性（相对研究问题的相关性而言）。很自然地，评估相似性要一个属性接着一个属性进行，特别是扁平化组织的数据库。

我们需要一种相似性判定的概念。每一个属性都需要有它自己的相似性函数。对于两个案例来讲，当它们属性值相等的时候，它们在这个属性上的相似性就为1，不相等则为0。但是，有些数值尽管不相等，也被认为具有中等程度的相似性，也可以用0.5表示它们的相似性，还有其他不同程度的相似性。关于属性相对重要性的概念，也可以用数值来表示。举个例子，见表8-2。

在表8-2中，1表示属性值完全一样，0表示属性值不一样，0~1之间的数值，越大表示越相似，否则越不相似；相对重要性越大越重要。这样就可以计算出这两个案例与目标案例的相似性了。

表8-2 车辆故障诊断

属　　性	案例1相似性	案例2相似性	相对重要性
故障频次	1	1	8
距上次检修后时间	0.9	0.2	2
节律性撞击声	0.6	1	7
车速变化	1	1	2
油压灯闪烁	0	1	8
燃油泄漏	1	0.9	3

$$相似性程度(目标案例,案例1) = \frac{1\times(1\times8+0.9\times2+0.6\times7+1\times2+0\times8+1\times3)}{30}=0.633$$

$$相似性程度(目标案例,案例2) = \frac{1\times(1\times8+0.2\times2+1\times7+1\times2+1\times8+0.9\times3)}{30}=0.936$$

可见，案例2与目标案例更为相似，案例2的解决方案，对于解决目标案例目前出现的问题更具参考价值。但是，这个案例中，并没有告诉我们属性的相似性函数和每个属性的权重是怎么得到的。另外，这里没有探讨方案2提供的解决方案，如果存在，比如是"更换某个部件"，而这个部件在车辆上与目前问题相关的几个地方同时在使用，那么就需要判断到底需要更换哪个部件，这就是旧案例提供的解决方案的适应性问题了。

五、案例的调整和修改

为了更好地解决新问题，根据新问题的情况，对检索到的相似案例进行调整和修改，该过程称为案例的调整和修改。案例的调整和修改可以是对一个相似案例进行，也可以是对多个相似案例重组并修改。案例的调整和修改是CBR的一个难题，许多领域的CBR系统一般都还停留在检索阶段，且案例调整是针对特定的领域知识来进行的，因此不存在普遍的适用方法。

根据案例调整和修改的执行者可以将其分为系统修改和用户修改两类。系统修改是CBR系统根据提前预定义的某种案例修改策略来对相似案例的解决方案进行调整和修改，并将调整和修改后的方案交给用户。用户修改是指用户根据问题的情况以及自身的要求对相似案例进行相应的调整和修改以得到新问题的解决方案。一般情况下，这两种案例调整和修改的方法是结合使用的，首先对案例进行系统修改，将系统修改和调整后的案例提交给用户，用户再根据需求和新情况对案例进行修改和调整，最终产生适用于新问题的解决方案。

六、案例学习

案例学习是保证案例库质量的一个重要手段，案例学习不仅包括案例库的维护，同时还包含了案例评价。案例评价是案例学习的一个前提条件，案例评价是对新案例的应用效果做一个评述，若新案例的解决方案应用效果极好，则要对新案例进行存储；若新案例的解决方案应用效果不佳，则不再将其添加到案例库，并考虑为其寻找新的解决方案。

案例的维护主要包括向案例库中添加新的案例（即案例存储）或删除一些不常用的案例，若案例库中不存在解决目标案例的方案，可以考虑将解决新问题的方案添加到案例库中，使得案例库更加完备，使得系统具有解决新问题的能力。将一个新的解决方案加入到案例库中，案例库中可用的成功案例将会增加，从而提高了案例复用的可能性以及案例推理的准确性。若案例库中的一些案例基本上没有与其他案例匹配，那么这些案例就没有必要存在了，可以考虑将这些案例删除，以便提高案例推理时案例检索的效率。案例的维护不仅仅包括案例存储或删除一些不常用的案例，还包括调整和修改一些不成功的案例或有关参数，将这些调整或修改的信息存储起来，以便为以后解决类似的问题提供解决方案。案例的学习是案例库不断更新与扩充的一种手段，同时也是确保所建案例库长期有效的一个重要条件。

第四节 应 用 案 例

在地震案例库中，一个案例对应着一次地震。然而，对案例推理技术来讲，这意味着案例数量非常有限，结果的可靠性就会不高。因此，为增加数据库中地震案例的数量，我们尝试将以前的一个案例扩展为基于不同城市的系列案例。以汶川地震为例，在旧数据库中只是一个普通案例。然而，以县级市为基础，研究考察了处于地震6度及以上烈度区内29个受到不同影响的城市，对于跨越多个烈度区的区县，引用区域内最高烈度作为其地震烈度，把一个汶川地震案例扩展成了29个基于案例。考虑到2000年之前的一些陈旧案例的非结构化或数据缺失，我们将其剔除，整个案例库经过扩展以后，一共含有86个基于县级市和地震烈度的地震案例数据。为了结果可验证，从案例库中选取2014年8月3日发生的鲁甸地震中云南省昭通市巧家县作为新发生案例。

根据灾害风险管理理论，震后人员伤亡作为一种社会损失，与致灾因子、承灾体和应急管理能力3方面因素相关。通过查阅相关文献和咨询有关专家，收集了影响地震人员伤亡的22个特征属性，几乎考虑了国内外相关文献中出现的所有特征属性。采用德尔菲法，即邀请专家对所有这些特征属性进行3轮背靠背评分，具体过程如下。

第一轮，将含有影响震后人员伤亡的22个特征属性列表提交给10个领域专家，调查是完全开放式的，专家可以选择添加、删除、合并和修改属性。所有10个专家分别对这22个属性进行了排序，所有专家的权重都是相同的。根据排序，对属性评分，评分范围从1到22，与专家给出的重要性排序相对应。最后，每个特征属性都得到一个综合评分，按综合评分对22个属性进行排序。

第二轮，将排序后的22个特征属性，以及部分专家提出的意见建议，重新反馈给10个专家，以获得进一步的建议。此外，在这一轮中，所有专家都要求对22个属性进行三级评价，即非常重要、较重要和一般重要。拿到第二轮专家意见后，设定如果有5位以上的专家一致认为某一属性"非常重要"或"较重要"，则该属性将被选入最终的多属性评价指标体系。否则，它将被抛弃。最后，共有9个属性入选。目前，已经建立了由9个特征属性构成的地震人员伤亡评估指标体系。

最后一轮，按照层次分析法的9级判断尺度，邀请所有专家给出9个特征属性的判断矩阵。拿到10个判断矩阵后，经过解析求解，每个判断矩阵将产生关于9个特征属性的权重。计算每个属性10个权重的简单算术平均值，即可得到该属性在评价指标体系中的最终权重，列于表8-3中。

表8-3 影响地震人员伤亡的特征属性

分 类	特 征 属 性	权重/%	符号
致灾因子	地震烈度	20.41	f_1
	发震时间	15.50	f_2
承灾体	地质状况	11.24	f_3
	建筑物设计抗震烈度等级	9.27	f_4
	人口密度	13.29	f_5
	人均GDP	6.05	f_6
应急管理能力	每1000人的注册医护人数	5.77	f_7
	每1000人的注册救援人数	7.44	f_8
	应急管理水平	11.03	f_9

一些特征属性与伤亡人数呈正相关，如特征属性f_1，f_3和f_5；有些是负相关的，如f_4，f_6，f_7，f_8和f_9；还有一个例外，即属性f_2，与地震人员伤亡既无正相关，也无负相关。所有特征属性（除了f_2），均采用S形隶属函数描述其隶属度，属性f_2则采用梯形隶属函数来表示。每个隶属函数都会采用不同参数表示。根据一般性规律，并参照专家意见，在表8-4中给出了各个隶属函数相应的参数。

表8-4 地震特征属性的隶属函数及其参数

参数	a	b	c	d	单位
f_1	6	9	12	N/A	度
f_2	7	12	17	20	无
f_3	0	0.5	1	N/A	无
f_4	9	7.5	6	N/A	度
f_5	0	50	100	N/A	平方公里
f_6	7.0	4.5	2.0	N/A	万元人民币
f_7	10	5	0	N/A	每千人
f_8	4	2	0	N/A	每千人
f_9	0.8	0.5	0.2	N/A	无

对于正向特征属性，采用S形隶属函数。对于负向特征属性，它是正向属性S形隶属函数，是以$x=b$作为中心轴的一个镜像函数。需要特别指出的是，对于特征属性f_2来讲，以中午12点为起点，24 h为一个周期。因此，f_2的4个参数分别表示到中午12点的时间距离。

由于案例数量较多,不可能将其隶属度一一列举。我们以86号目标案例(即鲁甸地震中的云南巧家县)和57号案例(即汶川地震中芦山县)为例进行分析,数据库中存储的原始数据是其特征属性,特征属性如下:

$$F'_{57} = [8.0 \quad 14:28 \quad 0.75 \quad 7.0 \quad 100.32 \quad 25.4 \quad 1.49 \quad 0.12 \quad 0.725]$$
$$F'_{86} = [7.0 \quad 16:30 \quad 0.89 \quad 7.0 \quad 162 \quad 8.9 \quad 1.251 \quad 0.098 \quad 0.358]$$

应用隶属函数后,其特征属性的隶属度向量如下:

$$F_{57} = [0.2222 \quad 0 \quad 0.875 \quad 0.7778 \quad 1 \quad 0.9831 \quad 0.9556 \quad 0.9982 \quad 0.2880]$$
$$F_{86} = [0.0556 \quad 0 \quad 0.9758 \quad 0.7778 \quad 1 \quad 1 \quad 0.9687 \quad 0.9988 \quad 0.4201]$$

基于特征属性隶属度矩阵,可以分析目标案例与所有其他源案例之间的相似性。再经过测度贴近度计算,就可以得到与目标案例贴近度最大的案例,也就可以据此从数据库中提取最相似的源案例作为最佳参考案例。这里,继续使用57号和86号案例之间相似度计算举例。

$$N_{57,86} = \frac{\sum_{i=1}^{9} w_i (F_{57}(f_i) \wedge F_{86}(f_i))}{\sum_{i=1}^{9} w_i (F_{57}(f_i) \vee F_{86}(f_i))} = \frac{\sum_{i=1}^{9} w_i \cdot \min(F_{57}, F_{86})_i}{\sum_{i=1}^{9} w_i \cdot \max(F_{57}, F_{86})_i} = \frac{0.5353}{0.5971} = 0.8965$$

汶川地震中的芦山县与目标案例——鲁甸地震中的巧家县最为相似,测度贴近度高达0.8965。

一般来说,由于地方政府的应急管理能力、社会组织和人员的应急自救互救能力都处于动态变化中,案例推理技术无法准确预测震后具体伤亡人数。案例推理技术通常会假设在两个最相似的案例之间,它们的总人口伤亡率相等或相近。

在57号案例中,根据2008年汶川地震的统计数据,当时芦山县有15人死亡,724人受伤。截至2007年底芦山县总人口约为11.8万人。因此,可以容易地获得参考案例,即57号源案例中的人口死亡率和受伤率。

$$参考案例总人口死亡率 = \frac{15}{118000} = 0.1271(人/千人)$$

$$参考案例总人口受伤率 = \frac{724}{118000} = 6.1356(人/千人)$$

对于86号目标案例,即2014年鲁甸地震巧家县,其总人口死亡率和受伤率与57号参考案例基本相同。根据统计数据显示,截至2013年底巧家县总人口为59.1万人,则此次地震中伤亡人数可以计算得到。

$$目标案例死亡人数 = 0.1271 \times 591 = 75.12 人$$
$$目标案例受伤人数 = 6.1356 \times 591 = 3626.14 人$$

因此,利用案例推理技术,可以预测鲁甸地震中巧家县估计有75人遇难,3626人受伤。事实上,根据中国地震局2014年发布的最终调查结果,巧家县在鲁甸地震中有78人死亡,4000人左右受伤。通过比较预测数据与实际数据,无论死亡还是受伤人员数量的预测,在数量级上是相同的,数值也比较接近。也就是说,基于模糊案例推理技术的预测模型是基本有效的。另外,需要指出的是,随着地震灾区后续更多信息的到来,专家们可以根据他们的主观经验来修正此预测数据。

思考题

1. 对于很多自然灾害案例库来讲，案例数量少是制约案例推理技术应用的一个主要原因。以地震案例库为例，你有什么好的思路，能够拓展当前的地震案例库中案例数量？如果案例数量不足，有没有数理化技术能够起到较好辅助作用？

2. 除了书中案例相似性度量技术，请通过查找文献等，再给出两种以上度量案例之间相似性的方法。

3. 某地震直接经济损失预测团队建立了一个简单的数据库，见表8-5，案例的表达采用属性-属性值对，并且对所有属性值进行了归一化处理。请用欧式距离计算目标案例 G_0 的最相似案例。另外，如果所有属性值是隶属函数计算得到的，相似性该如何度量？

表8-5 案例模糊特征属性值

案例编号	烈度	发震时间	设防烈度	房屋破坏等级	人口密度	地质条件	人均GDP	救援人员数量	医疗卫生机构数
C_1	0.92	0	0.78	1	0.1458	0	0	0	0.755
C_2	0.92	0	0.78	1	0.6128	0	0.94	0.3828	0.0242
C_3	0.92	0	0.78	1	1	1	0	0	0
C_4	0	0	0	0	0	0	0	0	0.1081
C_5	0	0	0.78	0	0.6472	0	0.8613	0.3828	0.7585
C_6	0.32	0	0.78	1	0	1	1	0.3828	0.5296
C_7	0.08	0	0.11	0.78	1	0	1	0.3828	0.3698
G_0	0	0	0.11	0	1	1	1	0.3828	0

第九章 系统结构分析技术

学习目标

(1) 掌握利用邻接矩阵计算可达矩阵的方法,重点掌握利用可达矩阵对系统进行区域划分和层级划分,并对划分结果进行解释。

(2) 理解有向图的画法,有向图与邻接矩阵之间的一一对应关系,初步掌握简单的系统结构分析,并用有向图表达。

(3) 了解系统的概念,系统结构和功能之间的关系。

突发灾害事故预防和应对是一项系统工程,应急管理体系也是一个系统。在应急管理工作中,应采用系统化思维方式,抓住系统中存在的主要矛盾和关键基础因素,并采取有针对性的举措,才能降低突发灾害事故风险,提升突发事件应急管理能力。

第一节 应用情境及引入案例

系统结构分析有很多不同的技术,其总的目的在于,寻找系统中相互联系紧密的要素,或者影响系统性能最关键的要素。这些要素就是系统中的主要矛盾或矛盾的主要方面,抓牢这些系统要素间的联系或要素本身,解决这些环节的存在的问题,提升它们的表现,就能够以最便捷的手段改善系统的性能。

一、系统结构分析在应急管理领域的应用情境

情境1:群体突发事件极端化的影响因素研究;
情境2:含硫井站泄漏事故应急决策影响因素分析;
情境3:危化品道路运输风险辨识及安全评价研究;
情境4:城市灾害韧性影响因素研究;
情境5:社区安全风险研究;
情境6:企业应急能力核心指标分析;
情境7:应急管理与大数据相结合的影响因素研究;
情境8:大型集会活动踩踏事件安全影响因素研究。

二、引入案例

结合情境7,引入案例"应急管理与大数据相结合的影响因素分析",来说明系统结构分析技术的用途。

应急管理与大数据结合，以现代技术支撑应急管理工作，是大势所趋。大数据能够在应急管理全过程中发挥重要作用，然而，调研发现，仍有众多因素彼此交错，在影响着大数据与应急管理的密切结合。

通过咨询专家，确定了15种因素，它们均是影响应急管理与大数据相结合的具体因素，见表9-1。

表9-1 影响应急管理与大数据相结合的具体因素

类别	因素名称	代码	因素说明
政治因素	应急管理主体	V_1	应急管理的主体（即政府应急管理部门）应用大数据的意识是否强烈，应急人才储备是否充分等
	应急人员培训/人才培养	V_2	基层的应急从业人员是否接受足够的专业培训，是否具有明确的资格证书或能力等
	法律法规	V_3	适用于应急管理与大数据等现代信息技术结合的具体操作层面的法律法规是否完善等
	实施标准	V_4	建设过程中是否具有明确的各类标准，如数据采集标准、应急大数据平台建设技术标准等
	信息管理机制	V_5	应急大数据的信息管理机制是否合理，以及是否严格遵守规章操作等
	监管/效果评估	V_6	应急管理与大数据的结合后续监管，以及实施效果评估是否具有专业的可行标准，是否由专业第三方机构评估
经济因素	预算/投入	V_7	对应急管理与大数据相结合的资金投入、经费预算等具体规划标准与设置等
	市场/商业需求	V_8	从市场-需求-资源配置角度出发，企业参与共建、商业化应用的程度等
社会因素	突发事件特性	V_9	因区域、具体事件特性等不同情况，应急管理与大数据相结合的难度增加等
	公众参与度/协调度	V_{10}	以政府应急部门为主导，社会公众的协作参与、积极响应的程度等
	应急安全教育	V_{11}	社会公众日常生活中的应急教育普及，安全意识加强，应急演练等
技术因素	人工智能	V_{12}	结合中能否及时应用物联网、人工智能等技术
	软件开发	V_{13}	应急管理与大数据相结合所需要的专业的软件开发或技术补充等
	硬件更新	V_{14}	应急管理与大数据相结合所需的配备或进行维护更新所需的专业计算机硬件系统等
	大数据安全	V_{15}	大数据技术安全、大数据平台建设安全、有效应对网络攻击等方面的安全

然后，将15个因素置于表9-2中，其中行与列的标识是一样的。根据调研和现实情况，将15个因素之间的单向影响、双向影响和毫无影响关系列出。X表示行对应因素对列对应因素有影响；Y表示列对应因素对行对应因素有影响；Z表示行列上因素相互影响；W表示行列上因素互不影响。

表9-2 因素相互影响关系辨识

因素	V_1	V_2	V_3	V_4	V_5	V_6	V_7	V_8	V_9	V_{10}	V_{11}	V_{12}	V_{13}	V_{14}	V_{15}
V_1	Z	X	Z	X	X	Z	X	W	Y	Z	X	W	X	X	Z
V_2	Y	Z	Y	Y	W	Z	Y	W	Y	Z	Z	Y	Z	Z	Z
V_3	Z	X	Z	Z	Z	W	Y	W	Z	X	Z	X	X	X	Z
V_4	Y	X	Z	Z	Z	W	Y	Y	W	W	Y	Z	Z	Z	Z
V_5	Y	W	Z	Z	Z	Z	W	Y	Z	Z	Y	Z	Z	Z	Z
V_6	Z	Z	Y	Z	Z	Z	W	W	W	W	W	Y	Y	Y	X
V_7	Y	X	W	W	W	W	Z	Z	Y	Z	X	Z	X	X	X
V_8	W	W	W	W	Z	Z	Z	Z	Z	Z	Z	Z	Z	Z	Z
V_9	X	X	X	W	Z	Z	W	Z	Z	X	Z	W	W	W	W
V_{10}	Z	Z	Y	W	Z	W	Z	W	Y	Z	Z	Y	Y	Y	Z
V_{11}	Y	Z	Y	W	X	X	Z	Z	Z	Z	Z	Z	W	W	Y
V_{12}	W	X	W	Z	X	Z	X	Z	X	X	Z	Z	Z	Z	Z
V_{13}	Y	Z	Y	Z	Z	X	Z	W	Z	X	Z	X	Z	Z	Z
V_{14}	Y	Z	Z	Z	Z	Y	X	W	X	X	Z	Z	Z	Z	Z
V_{15}	Z	Z	Z	Z	Z	Y	Y	Z	W	Z	Z	Z	Z	Z	Z

有了因素间相互作用关系，就可以建立系统分析结构模型，进而建立系统邻接矩阵，计算得到系统可达矩阵，之后通过级别划分，勾勒出系统层级结构图，如图9-1所示。

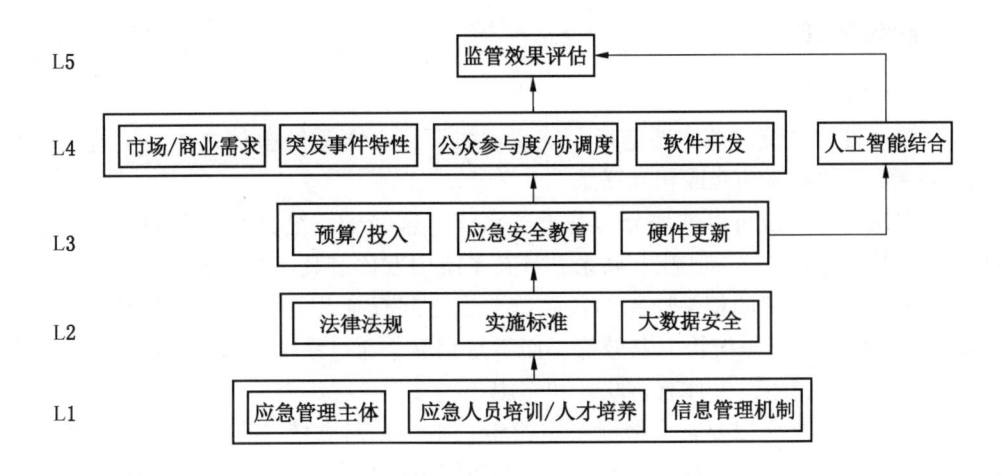

图9-1 系统层级结构图

从图9-1中可知，系统分为5个级别，越是级别低的因素，对系统的影响越是最根本的，影响效果也是最明显的，影响程度也是最大的。据此，提出了加强应急管理主体的主导地位、加强应急人员培训和人才培养，以及构建严谨全面的信息化规范标准等的建议。

第二节　系统与系统结构分析的基本步骤

一、系统的概念

世界总是由大大小小的系统组成的，它们总和周围的环境发生着物质和能量交换，或存在着各种联系，相互作用或相互依存；一个系统往往又是构成另外一个系统的要素，而要素本身也是系统，这就是辩证的系统观点。

对于系统的研究，一定要从研究目标开始，即要研究系统哪些方面的表现，也称为系统的功能或绩效。之所以这些要素能够组成一个系统，一定是要素之间维持了某种关系，组合起来能够实现一定的作用和功能，否则，就不能称之为系统。所以，系统就是，为了实现一定功能，而由若干要素，并通过要素之间的相互支持或者相互制约关系组成。

系统分析的目的就在于分析结构和功能之间的关系，结构是内因，功能是具体表现。我们的目的，就在于分析系统要素之间的这种相互作用关系，具体地，就是分析要素之间的强弱联系（即聚类分析），或者分析要素之间的影响层级关系（即关键要素分析）。

通过以上分析可知，系统是具有特定功能，由相互之间存在有机联系的要素所构成的整体。系统和要素之间的关系，就是整体与部分的辩证关系。系统的特定功能是其任何一个要素或部分所不能体现的，要素之间去除了有机联系，则系统也会解体，原有功能也会不复存在；要素在系统中发挥作用，离开了系统这个整体，则要素也会失去原有的作用。

二、系统的特征

系统具有以下特性：

（1）整体性。系统的整体性是指系统要素协调存在于系统整体之中，不能离开系统去谈论任一要素的具体功能或相互联系。

（2）层次性。系统可以被划分为若干子系统，这些子系统具有一定的先后次序或层次性，不同层次之间同样存在相互联系，且在系统中发挥着其应有功能。

（3）相关性。系统的相关性指的是系统要素之间存在相互作用和相互联系，这种相互作用和联系应有利于系统提升其效能，而不是相反。通过系统分析，可以加强系统要素之间的有效联系和作用，去掉有害联系和作用。

（4）目的性。之所以要素会根据一定逻辑、结构，对立统一于系统这个整体，是为了实现一些特定的功能，即系统的目标，复杂系统可能具有多个目标组成的目标体系。

三、系统的分类

为了对系统性质进行研究，需要对系统进行分类，下面给出几种比较常见的系统分类：

(1) 根据系统来源分类。根据系统来源可以把系统分为自然系统和人造系统，自然系统比如生态系统，人造系统比如为了测量地震方位而设计的地动仪等。

(2) 根据系统构成要素分类。根据系统构成要素可以把系统分为概念系统和实体系统，概念系统比如模糊理论公理化体系，实体系统就是实物构成的系统。前者是后者的抽象，后者是前者的具体化和实物化，二者还存在着理论指导和具体实践的关系。

(3) 根据系统状态是否时变来分类。根据系统状态是否时变可以将系统分为动态系统和静态系统，二者的差别就在于前者随时间变化而变化，而后者不随时间变化。

(4) 根据系统是否与环境存在交互来分类。根据系统是否与环境存在交互可以将系统分为开放系统和封闭系统。开放系统是指系统和环境之间存在着物质、能量和信息的交换，系统需要不断适应环境变化，并做出改变，才能更好地存活下去；而封闭系统不与环境发生此类交互，要求系统内部各子系统之间保持均衡才能存在。

四、系统结构分析的基本步骤

进行系统结构分析一般遵循如下基本步骤：

(1) 确定系统的要素组成，根据研究目标，分析要素之间相互作用的邻接关系，建立有向图和邻接矩阵。
(2) 基于邻接矩阵，计算系统可达性矩阵。
(3) 进行系统聚类分析、关键要素分析等。
(4) 根据需要，分析结果也用有向图或缩减矩阵表示。

第三节　系统结构分析模型

一、结构模型的有向图形式

系统分析的基础就是系统结构模型。邻接矩阵是对系统初步分析的结果，可达矩阵是系统可达性分析之后的结果，缩减矩阵是对系统结构进行聚类等分析之后的结果，它们都可以称为系统的结构分析模型。这里只给出邻接矩阵，作为系统的模型和基础。

邻接矩阵模型，作为分析的基础模型之一，可以用图，也可以用矩阵来表示。

对于系统结构模型，需要说明的是，系统结构模型可以是系统本身，可以是一个实实在在看得见摸得着、缩微版的物理模型，也可以是一个计算机仿真模型，还可以是画在纸上的概念模型、E-R有向图模型、数理模型、计算机中表达的数理模型等等。

我们这里用到的，就是系统要素及它们之间存在的关系表达出来的有向图模型，以及根据有向图，再用矩阵表达的数学模型。

有向图是 Euler Leonhard 在 17 世纪发表有关图论的文章中提到的概念。

有向图指的是由若干节点和有向边连接而成的图。若有向图的节点集合为 S，有向边集合为 E，则有向图就可以表达为 $G = \{S, E\}$。例如，图 9-2 可以表达为

$$G = \{S, E\}, S = \{S_i, i = 1, 2, 3, 4, 5\}$$

$$E = \{[S_1, S_2], [S_1, S_3], [S_2, S_4], [S_2, S_5], [S_3, S_4], [S_3, S_5], [S_4, S_2], [S_5, S_4], [S_5, S_5]\}$$

其中，我们把节点 S_5 和有向边 $[S_5, S_5]$ 构成的子图称为环，把节点 S_2，S_4 和有向边 $[S_2, S_4]$，$[S_4, S_2]$ 构成的子图称为回路。图 9-2 中还有更大的回路存在。回路上所有元素之间构成了强联系（或强连接）。

二、结构模型的矩阵形式

如果系统中任意两个元素 S_i 与 S_j 有关系，则可以表达为 $S_i R S_j$；若 S_i 与 S_j 没有关系，则可以表达为 $S_i \bar{R} S_j$。因为元素之间只存在这两种关系，所以也可以用 0，1 表示它们之间的关系：

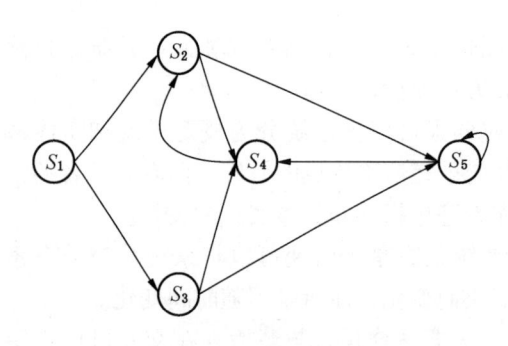

图 9-2 有向图例

$$a_{ij} = \begin{cases} 0 & S_i \bar{R} S_j \\ 1 & S_i R S_j \end{cases}$$

a_{ij} 就表示在所有元素构成的系统 S 中，第 i 行对应的系统元素 S_i 与第 j 列对应的系统要素 S_j 之间的 0-1 二元关系。我们把用矩阵表达的系统结构，称为邻接矩阵或二元矩阵或 0-1 布尔矩阵。

系统的有向图和系统邻接矩阵是一一对应的，可以从系统有向图给出系统邻接矩阵，反之亦然。例如，图 9-2 的矩阵形式如下：

$$A = \begin{matrix} & \begin{matrix} S_1 & S_2 & S_3 & S_4 & S_5 \end{matrix} \\ \begin{matrix} S_1 \\ S_2 \\ S_3 \\ S_4 \\ S_5 \end{matrix} & \begin{bmatrix} 0 & 1 & 1 & 0 & 0 \\ 0 & 0 & 0 & 1 & 1 \\ 0 & 0 & 0 & 1 & 1 \\ 0 & 1 & 0 & 0 & 0 \\ 0 & 0 & 0 & 1 & 1 \end{bmatrix} \end{matrix}$$

在系统邻接矩阵中，每一行表示该行所对应的系统元素与所有系统元素之间的关系；每一列表示所有系统元素与该列所对应的系统元素之间的关系。但是，唯一没有表达出来的关系，就是系统元素自身到自身之间的关系，即反身关系。

三、系统可达性计算

系统可达性指系统各元素之间相互可以到达（联系起来）的程度，用可达矩阵 R 表示。

如果系统元素 S_i 经过若干条边和若干个元素能够到达系统要素 S_j，则称 S_i 可达 S_j。如果只经过一条边 S_i 就能到达 S_j，则称 S_i 一步可达 S_j，也称 S_i 与 S_j 为邻接关系或直接关系。如果经过 k 条边，$k-1$ 个要素，则称 S_i 能够 k 步可达 S_j，S_i 与 S_j 之间则为间接关系。图 9-2 中，S_1 可以一步可达 S_2，但需二步可达 S_5。如果能够把系统所有元素之间的邻接关系和间接关系全部找到，并用矩阵的形式表达，则矩阵为可达矩阵。可达矩阵表达了系统所有元素之间的可达关系。

下面给出可达矩阵的求解过程，仍旧使用图 9-2 所示系统，其邻接矩阵 A 如下：

$$A = \begin{bmatrix} 0 & 1 & 1 & 0 & 0 \\ 0 & 0 & 0 & 1 & 1 \\ 0 & 0 & 0 & 1 & 1 \\ 0 & 1 & 0 & 0 & 0 \\ 0 & 0 & 0 & 1 & 1 \end{bmatrix}$$

设 I 为单位阵，与 A 同维度。令

$$G = A \vee I = \begin{bmatrix} 0 & 1 & 1 & 0 & 0 \\ 0 & 0 & 0 & 1 & 1 \\ 0 & 0 & 0 & 1 & 1 \\ 0 & 1 & 0 & 0 & 0 \\ 0 & 0 & 0 & 1 & 1 \end{bmatrix} \vee \begin{bmatrix} 1 & 0 & 0 & 0 & 0 \\ 0 & 1 & 0 & 0 & 0 \\ 0 & 0 & 1 & 0 & 0 \\ 0 & 0 & 0 & 1 & 0 \\ 0 & 0 & 0 & 0 & 1 \end{bmatrix} = \begin{bmatrix} 1 & 1 & 1 & 0 & 0 \\ 0 & 1 & 0 & 1 & 1 \\ 0 & 0 & 1 & 1 & 1 \\ 0 & 1 & 0 & 1 & 0 \\ 0 & 0 & 0 & 1 & 1 \end{bmatrix}$$

∨ 是布尔和，或者取大操作，表示对应位置元素求布尔和。

G 称为考虑了反身关系的邻接矩阵，或称为一步可达矩阵，它表达了系统中所有要素之间的一步可达关系。

下面求两步可达关系：

$$G^2 = G \cdot G = \begin{bmatrix} 1 & 1 & 1 & 0 & 0 \\ 0 & 1 & 0 & 1 & 1 \\ 0 & 0 & 1 & 1 & 1 \\ 0 & 1 & 0 & 1 & 0 \\ 0 & 0 & 0 & 1 & 1 \end{bmatrix} \begin{bmatrix} 1 & 1 & 1 & 0 & 0 \\ 0 & 1 & 0 & 1 & 1 \\ 0 & 0 & 1 & 1 & 1 \\ 0 & 1 & 0 & 1 & 0 \\ 0 & 0 & 0 & 1 & 1 \end{bmatrix} = \begin{bmatrix} 1 & 1 & 1 & 1 & 1 \\ 0 & 1 & 0 & 1 & 1 \\ 0 & 1 & 1 & 1 & 1 \\ 0 & 1 & 0 & 1 & 1 \\ 0 & 1 & 0 & 1 & 1 \end{bmatrix}$$

求三步可达关系，如下：

$$G^3 = G^2 \cdot G = \begin{bmatrix} 1 & 1 & 1 & 1 & 1 \\ 0 & 1 & 0 & 1 & 1 \\ 0 & 1 & 1 & 1 & 1 \\ 0 & 1 & 0 & 1 & 1 \\ 0 & 1 & 0 & 1 & 1 \end{bmatrix} \begin{bmatrix} 1 & 1 & 1 & 0 & 0 \\ 0 & 1 & 0 & 1 & 1 \\ 0 & 0 & 1 & 1 & 1 \\ 0 & 1 & 0 & 1 & 0 \\ 0 & 0 & 0 & 1 & 1 \end{bmatrix} = \begin{bmatrix} 1 & 1 & 1 & 1 & 1 \\ 0 & 1 & 0 & 1 & 1 \\ 0 & 1 & 1 & 1 & 1 \\ 0 & 1 & 0 & 1 & 1 \\ 0 & 1 & 0 & 1 & 1 \end{bmatrix}$$

继续求四步可达关系，如下：

$$G^4 = G^3 \cdot G = \begin{bmatrix} 1 & 1 & 1 & 1 & 1 \\ 0 & 1 & 0 & 1 & 1 \\ 0 & 1 & 1 & 1 & 1 \\ 0 & 1 & 0 & 1 & 1 \\ 0 & 1 & 0 & 1 & 1 \end{bmatrix} \begin{bmatrix} 1 & 1 & 1 & 0 & 0 \\ 0 & 1 & 0 & 1 & 1 \\ 0 & 0 & 1 & 1 & 1 \\ 0 & 1 & 0 & 1 & 0 \\ 0 & 0 & 0 & 1 & 1 \end{bmatrix} = \begin{bmatrix} 1 & 1 & 1 & 1 & 1 \\ 0 & 1 & 0 & 1 & 1 \\ 0 & 1 & 1 & 1 & 1 \\ 0 & 1 & 0 & 1 & 1 \\ 0 & 1 & 0 & 1 & 1 \end{bmatrix}$$

可以发现：

$$G^n = G^{n-1} \cdot G = G^{n-1} = \cdots = G^3 = G^2 = \begin{bmatrix} 1 & 1 & 1 & 1 & 1 \\ 0 & 1 & 0 & 1 & 1 \\ 0 & 1 & 1 & 1 & 1 \\ 0 & 1 & 0 & 1 & 1 \\ 0 & 1 & 0 & 1 & 1 \end{bmatrix}$$

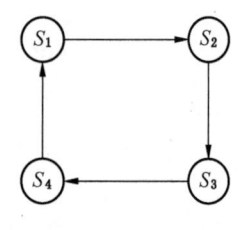

图 9-3 有向图例

也就是说，系统中所有元素之间，都是最多经过两步可达，三步以上可达关系并不存在（可达关系指元素之间最近的路径长度，而不考虑更长的路径长度）。这从图 9-2 中也可以看出来，也即两步可达矩阵就表达出了系统中所有元素之间的直接和间接可达关系，所以可达矩阵 $R_1 = G^2$。

再来看一种特殊的有向图，如图 9-3 所示。

我们可以推导出图 9-3 有向图的可达矩阵 R_2 如下。

$$G = A \vee I = \begin{bmatrix} 1 & 1 & 0 & 0 \\ 0 & 1 & 1 & 0 \\ 0 & 0 & 1 & 1 \\ 1 & 0 & 0 & 1 \end{bmatrix}$$

$$G^2 = G \cdot G = \begin{bmatrix} 1 & 1 & 0 & 0 \\ 0 & 1 & 1 & 0 \\ 0 & 0 & 1 & 1 \\ 1 & 0 & 0 & 1 \end{bmatrix} \begin{bmatrix} 1 & 1 & 0 & 0 \\ 0 & 1 & 1 & 0 \\ 0 & 0 & 1 & 1 \\ 1 & 0 & 0 & 1 \end{bmatrix} = \begin{bmatrix} 1 & 1 & 1 & 0 \\ 0 & 1 & 1 & 1 \\ 1 & 0 & 1 & 1 \\ 1 & 1 & 0 & 1 \end{bmatrix}$$

$$G^3 = G^2 \cdot G = \begin{bmatrix} 1 & 1 & 1 & 0 \\ 0 & 1 & 1 & 1 \\ 1 & 0 & 1 & 1 \\ 1 & 1 & 0 & 1 \end{bmatrix} \begin{bmatrix} 1 & 1 & 0 & 0 \\ 0 & 1 & 1 & 0 \\ 0 & 0 & 1 & 1 \\ 1 & 0 & 0 & 1 \end{bmatrix} = \begin{bmatrix} 1 & 1 & 1 & 1 \\ 1 & 1 & 1 & 1 \\ 1 & 1 & 1 & 1 \\ 1 & 1 & 1 & 1 \end{bmatrix}$$

可以预见：

$$G^n = G^{n-1} \cdot G = G^{n-1} = \cdots = G^4 = G^3 = \begin{bmatrix} 1 & 1 & 1 & 1 \\ 1 & 1 & 1 & 1 \\ 1 & 1 & 1 & 1 \\ 1 & 1 & 1 & 1 \end{bmatrix}$$

所以，$R_2 = G^3$ 就是我们要求的可达矩阵。对于存在回路的系统，它的元素依然存在最大步数可达关系，并且系统中所有元素之间均可达，即系统有向图中的构成回路的元素之间，一定会形成满阵，也表达了回路上元素之间的强联系。

对于上个例子中的 R_1，存不存在这样的回路呢？又是哪些元素呢？

$$R_1 = \begin{matrix} & S_1 & S_2 & S_3 & S_4 & S_5 \\ S_1 \\ S_2 \\ S_3 \\ S_4 \\ S_5 \end{matrix} \begin{bmatrix} 1 & 1 & 1 & 1 & 1 \\ 0 & 1 & 0 & 1 & 1 \\ 0 & 1 & 1 & 1 & 1 \\ 0 & 1 & 0 & 1 & 1 \\ 0 & 1 & 0 & 1 & 1 \end{bmatrix}$$

对第 3 和第 5 行列同时做出如下调整，可得：

$$R_1 = \begin{array}{c} \\ S_1 \\ S_2 \\ S_5 \\ S_4 \\ S_3 \end{array} \begin{array}{cccccc} S_1 & S_2 & S_5 & S_4 & S_3 \\ \begin{bmatrix} 1 & 1 & 1 & 1 & 1 \\ 0 & 1 & 1 & 1 & 0 \\ 0 & 1 & 1 & 1 & 0 \\ 0 & 1 & 1 & 1 & 0 \\ 0 & 1 & 1 & 1 & 1 \end{bmatrix} \end{array}$$

虚线框起来的部分,也是一个局部满阵,表示着 S_2、S_4、S_5 3 个元素之间的强联系。

第四节 系统结构分析

系统结构信息全部包含在邻接矩阵之中,可达矩阵是在邻接矩阵基础上经过计算得到的,也包含了系统的整体结构信息。

在进行系统结构划分之前,先明确几个定义。

假设一个系统由 S_1,S_2,…,S_n 构成,系统的可达矩阵为 R,则有如下定义:

(1) 先行集 $A(S_i)$:所有可以到达 S_i 的元素构成的集合。

(2) 可达集 $R(S_i)$:所有 S_i 可以到达的元素构成的集合。

(3) 共同集 T:$T = \{S_i | A(S_i) \cap R(S_i) = A(S_i)\}$。

思考:$A(S_i)$、$R(S_i)$ 和 T 在有向图和可达矩阵中的含义。

下面利用可达矩阵 R 来说明系统的结构划分过程。

$$R = \begin{bmatrix} 1 & 0 & 0 & 0 & 0 & 0 & 0 \\ 1 & 1 & 0 & 0 & 0 & 0 & 0 \\ 0 & 0 & 1 & 1 & 1 & 1 & 0 \\ 0 & 0 & 0 & 1 & 1 & 1 & 0 \\ 0 & 0 & 0 & 0 & 1 & 0 & 0 \\ 0 & 0 & 0 & 1 & 1 & 1 & 0 \\ 1 & 1 & 0 & 0 & 0 & 0 & 1 \end{bmatrix}$$

一、系统区域(连通域、区块)划分

(1) 首先找到先行集、可达集和共同集。可达矩阵 R 区域划分见表 9-3。

表 9-3 可达矩阵 R 区域划分($t=1$)

元素	$A(S_i)$	$R(S_i)$	$T(S_i)$
S_1	S_1,S_2,S_7	S_1	S_1
S_2	S_2,S_7	S_1,S_2	S_2
S_3	S_3	S_3,S_4,S_5,S_6	S_3
S_4	S_3,S_4,S_6	S_4,S_5,S_6	S_4,S_6
S_5	S_3,S_4,S_5,S_6	S_5	S_5
S_6	S_3,S_4,S_6	S_4,S_5,S_6	S_4,S_6
S_7	S_7	S_1,S_2,S_7	S_7

由表9-3可以看出，$T = \{S_3, S_7\}$。

（2）根据共同集合中元素，对系统其他元素分类。因为 $R(S_3) \cap R(S_7) = \emptyset$，可知 S_3 和 S_7 分属于不同的集合；又因为 S_4、S_5 和 S_6 与 S_3 存在联系，S_1 和 S_2 与 S_7 存在联系，可以将它们分别划入不同的集合。所以，系统可以分为两个区域，即 $\{S_3, S_4, S_5, S_6\}$ 和 $\{S_1, S_2, S_7\}$。

二、系统级别划分

仍以系统区域划分中的可达矩阵 R 为例，系统级别划分其实是一个迭代的过程，迭代过程如下：

（1）令级别数 $t = 1$。

（2）求系统的共同集合 T，共同集合中的元素就是系统第 t 个级别上的元素。

（3）删除集合 T 中的元素，如果此时系统中已经没有元素，则停止；否则，令 $t = t + 1$，返回第（2）步。

就本例来讲，在求得共同集合 T 后，第1级别元素就是 S_3 和 S_7 了。然后，对表9-3做出调整，删掉其中所有与 S_3、S_7，并且删掉对应的行，见表9-4。

表9-4　可达矩阵 R 级别划分（$t = 2$）

元素	$A(S_i)$	$R(S_i)$	$T(S_i)$
S_1	S_1, S_2	S_1	S_1
S_2	S_2	S_1, S_2	S_2
S_4	S_4, S_6	S_4, S_5, S_6	S_4, S_6
S_5	S_4, S_5, S_6	S_5	S_5
S_6	S_4, S_6	S_4, S_5, S_6	S_4, S_6

从表9-4可以看出，此时的共同集合包含元素 S_2、S_4、S_6，它们是属于第2级别的元素。

表9-5　可达矩阵 R 级别划分（$t = 3$）

元素	$A(S_i)$	$R(S_i)$	$T(S_i)$
S_1	S_1	S_1	S_1
S_5	S_5	S_5	S_5

从表9-5可以看出，此时的共同集合包含剩下的所有元素 S_1、S_5，它们均属于第3级别的元素，至此系统级别划分完成，也可以画出系统的级别结构图，如图9-4所示。

在图9-4中，其实也包含了系统区域划分的结构信息。

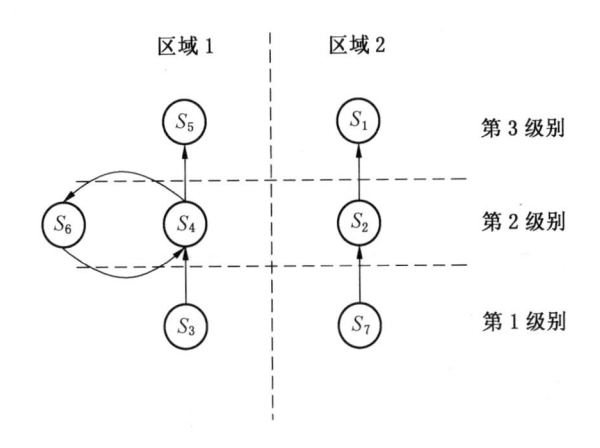

图9-4 系统级别结构图

第五节 应 用 案 例

据不完全统计，2001—2018年我国先后发生恶性群体性踩踏事件40余起，造成人民群众重大伤亡，社会影响非常恶劣。在踩踏事件的事故致因研究上都考虑到了人、物、环境和管理方面的因素，然而，缺乏对事故致因影响因素相互关系的分析。因此，本案例将采用系统结构分析技术对踩踏事件的影响因素进行分析，构建层次清晰、明确的踩踏事件影响因素系统层次模型，理清各影响因素彼此之间的关系，为踩踏事件风险管控工作提供依据。

在充分考虑踩踏事件特点的基础上，通过事故统计分析和文献检索，最终选取了踩踏事件的影响因素，见表9-6。

表9-6 踩踏事件影响因素

序号	影 响 因 素	符号
1	人群密度过大	S_1
2	人群疏导不及时或疏散困难	S_2
3	人群压力突然释放	S_3
4	人流控制不当	S_4
5	突发灾害或人为状况	S_5
6	活动设计不合理	S_6
7	场所环境或设备设施存在缺陷	S_7
8	组织能力欠缺	S_8
9	应急能力	S_9

表 9 - 6（续）

序号	影响因素	符号
10	应急预案	S_{10}
11	应急演练	S_{11}
12	安全素质欠缺	S_{12}
13	安全教育培训	S_{13}

建立邻接矩阵 A：

$$A = \begin{bmatrix} 0 & 1 & 0 & 0 & 0 & 0 & 0 & 0 & 0 & 0 & 0 & 0 & 0 \\ 0 & 0 & 0 & 0 & 0 & 0 & 0 & 0 & 0 & 0 & 0 & 0 & 0 \\ 1 & 0 & 0 & 0 & 0 & 0 & 0 & 0 & 0 & 0 & 0 & 0 & 0 \\ 1 & 0 & 0 & 0 & 0 & 0 & 0 & 0 & 0 & 0 & 0 & 0 & 0 \\ 0 & 0 & 1 & 0 & 0 & 0 & 0 & 0 & 0 & 0 & 0 & 0 & 0 \\ 0 & 0 & 1 & 0 & 0 & 0 & 0 & 0 & 0 & 0 & 0 & 0 & 0 \\ 0 & 0 & 1 & 0 & 0 & 0 & 0 & 0 & 0 & 0 & 0 & 0 & 0 \\ 0 & 0 & 0 & 1 & 0 & 0 & 0 & 0 & 0 & 0 & 0 & 0 & 0 \\ 0 & 1 & 0 & 0 & 0 & 0 & 0 & 0 & 0 & 0 & 0 & 0 & 0 \\ 0 & 0 & 0 & 0 & 0 & 0 & 0 & 1 & 0 & 0 & 0 & 0 & 0 \\ 0 & 0 & 0 & 0 & 0 & 0 & 0 & 1 & 0 & 0 & 0 & 0 & 0 \\ 0 & 0 & 0 & 1 & 0 & 0 & 0 & 0 & 0 & 0 & 0 & 0 & 0 \\ 0 & 0 & 0 & 0 & 0 & 0 & 0 & 0 & 1 & 0 & 0 & 1 & 0 \end{bmatrix}$$

运用 Matlab 计算，得到其可达矩阵 R：

$$R = \begin{bmatrix} 1 & 1 & 0 & 0 & 0 & 0 & 0 & 0 & 0 & 0 & 0 & 0 & 0 \\ 0 & 1 & 0 & 0 & 0 & 0 & 0 & 0 & 0 & 0 & 0 & 0 & 0 \\ 1 & 1 & 1 & 0 & 0 & 0 & 0 & 0 & 0 & 0 & 0 & 0 & 0 \\ 1 & 1 & 0 & 1 & 0 & 0 & 0 & 0 & 0 & 0 & 0 & 0 & 0 \\ 1 & 1 & 1 & 0 & 1 & 0 & 0 & 0 & 0 & 0 & 0 & 0 & 0 \\ 1 & 1 & 1 & 0 & 0 & 1 & 0 & 0 & 0 & 0 & 0 & 0 & 0 \\ 1 & 1 & 1 & 0 & 0 & 0 & 1 & 0 & 0 & 0 & 0 & 0 & 0 \\ 1 & 1 & 0 & 1 & 0 & 0 & 0 & 1 & 0 & 0 & 0 & 0 & 0 \\ 0 & 1 & 0 & 0 & 0 & 0 & 0 & 0 & 1 & 0 & 0 & 0 & 0 \\ 0 & 1 & 0 & 0 & 0 & 0 & 0 & 1 & 1 & 0 & 0 & 0 & 0 \\ 0 & 1 & 0 & 0 & 0 & 0 & 0 & 0 & 1 & 0 & 1 & 0 & 0 \\ 1 & 1 & 0 & 1 & 0 & 0 & 0 & 0 & 0 & 0 & 0 & 1 & 0 \\ 1 & 1 & 0 & 1 & 0 & 0 & 0 & 0 & 1 & 0 & 0 & 1 & 1 \end{bmatrix}$$

第一层级的计算过程，见表 9 - 7。

表9-7 第一层级计算过程

S_i	$R(S_i)$	$A(S_i)$
1	1,2	1,3,4,5,6,7,8,12,13
2	2	1,2,3,4,5,6,7,8,9,10,11,12,13
3	1,2,3	3,5,6,7
4	1,2,4	4,8,12,13
5	1,2,3,5	5
6	1,2,3,6	6
7	1,2,3,7	7
8	1,2,3,8	8
9	2,9	9,10,11,13
10	2,9,10	10
11	2,9,11	11
12	1,2,4,12	12,13
13	1,2,4,9,12,13	13

经计算，第一层级 $L_1 = \{S_2\}$。

第二层级计算过程，见表9-8。

表9-8 第二层级计算过程

S_i	$R(S_i)$	$A(S_i)$
1	1	1,3,4,5,6,7,8,12,13
3	1,3	3,5,6,7
4	1,4	4,8,12,13
5	1,3,5	5
6	1,3,6	6
7	1,3,7	7
8	1,3,8	8
9	9	9,10,11,13
10	9,10	10
11	9,11	11
12	1,4,12	12,13
13	1,4,9,12,13	13

第二层级 $L_2 = \{S_1, S_9\}$。

第三层级计算过程，见表9-9。

表9-9 第三层级计算过程

S_i	$R(S_i)$	$A(S_i)$
3	3	3,5,6,7
4	4	4,8,12,13
5	3,5	5
6	3,6	6
7	3,7	7
8	3,8	8
10	10	10
11	11	11
12	4,12	12,13
13	4,12,13	13

第三层级 $L_3 = \{S_3, S_4, S_{10}, S_{11}\}$。

第四层级计算过程，见表9-10。

表9-10 第四层级计算过程

S_i	$R(S_i)$	$A(S_i)$
5	5	5
6	6	6
7	7	7
8	8	8
12	12	12,13
13	12,13	13

第四层级 $L_4 = \{S_5, S_6, S_7, S_8, S_{12}\}$。

第五层级计算过程，见表9-11。

表9-11 第五层级计算过程

S_i	$R(S_i)$	$A(S_i)$
13	13	13

第五层级 $L_5 = \{S_{13}\}$。

根据5个层级划分，画出大型集会活动踩踏事件影响因素系统层级结构分析模型，如图9-5所示。

根据图9-5，可以得到如下分析结果：

（1）人群疏导不及时或疏散困难是导致踩踏事件发生或扩大的直接原因，也是踩踏事件的影响因素中最为关键的一环。人群密度过大又是导致人群疏导不及时或疏散困难的直接原因，因此，大型集会活动预防踩踏事件的工作重点应该放在控制人群密度上。

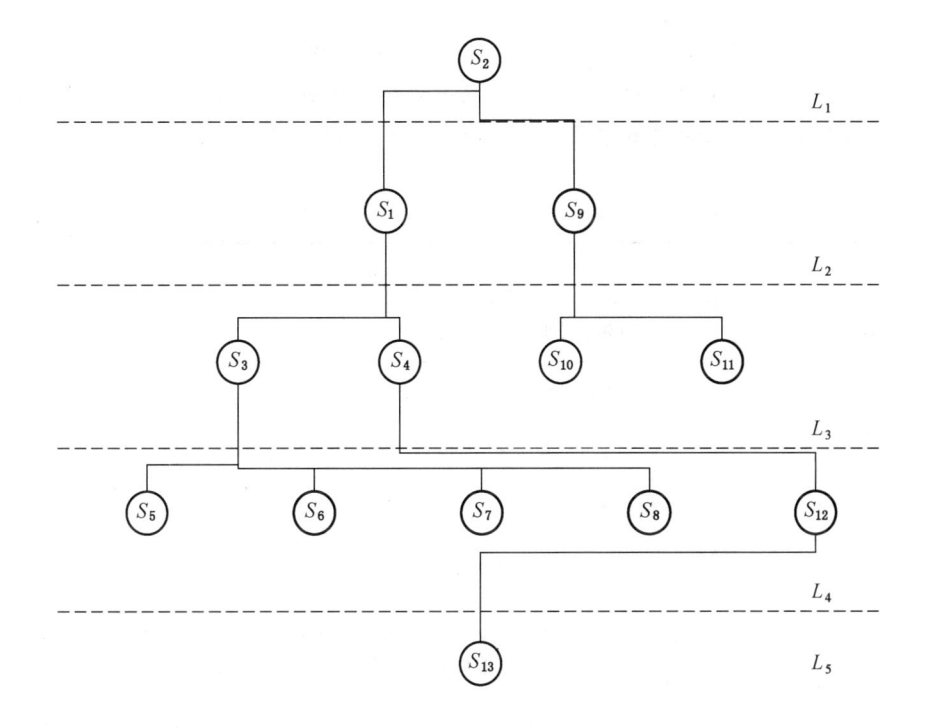

图9-5 大型集会活动踩踏事件影响因素系统层次结构分析模型

（2）场所环境或设备设施存在缺陷、活动设计不合理、突发灾害或人为状况是导致踩踏事件发生的间接原因。

（3）活动主办方组织能力欠缺、应急预案存在缺陷、应急演练频次过低、安全教育培训不达标是导致踩踏事件发生的管理原因。

（4）安全素质欠缺是踩踏事件发生的根本性原因。

思考题

1. 假设存在一个系统，其邻接矩阵 A 如下，试给出其对应的有向图，并求系统要素之间的可达性，给出可达矩阵。

$$A = \begin{array}{c} \\ S_1 \\ S_2 \\ S_3 \\ S_4 \\ S_5 \\ S_6 \\ S_7 \end{array} \begin{array}{c} \begin{array}{ccccccc} S_1 & S_2 & S_3 & S_4 & S_5 & S_6 & S_7 \end{array} \\ \left[\begin{array}{ccccccc} 0 & 1 & 0 & 0 & 0 & 0 & 1 \\ 0 & 0 & 0 & 0 & 1 & 1 & 0 \\ 0 & 0 & 0 & 1 & 0 & 0 & 1 \\ 1 & 0 & 1 & 0 & 0 & 0 & 0 \\ 0 & 0 & 0 & 0 & 0 & 1 & 0 \\ 0 & 1 & 0 & 0 & 0 & 0 & 0 \\ 1 & 0 & 0 & 0 & 0 & 0 & 0 \end{array} \right] \end{array}$$

2. 含硫天然气开采作业一旦发生泄漏，极易引发中毒、火灾及爆炸事故，给企业及社会造成严重损失。制定有效的含硫井站泄漏事故应急决策，是遏制此类事故的重要途径之一。泄漏应急决策过程受到多方面因素的影响，具体影响因素见表9-12。

表9-12 含硫天然气开采泄漏事故影响因素分析

编号	影响因素	描述
S_1	事故应对措施	阻止泄漏事故继续发生的专业应对措施
S_2	现场辅助控制措施	减少因毒性扩散、火灾爆炸而造成人员伤亡及经济损失的措施
S_3	应急救援小组与人员	企业需要根据职能部门的划分，明确应急救援行动的参与人
S_4	井站泄漏程度	泄漏事故严重程度
S_5	应急物资与防护设备	应急处置过程中所必需的保障性物质及防护用品（设备）
S_6	事故预警	含硫井站泄漏事故发生后，需要第一时间进行信息汇总，包括事件发生的具体时间、现场情况以及存在的社会、环境敏感因素、造成的初步危害等，并发出事故预警
S_7	组织指挥	下达救援命令与决策任务
S_8	地企联动	借助地方政府部门力量开展应急救援
S_9	截断气阀	切断气体供给阀门，防止恶性事故的发生
S_{10}	放空	防止泄漏事故发生后，井站内积存含硫天然气
S_{11}	控制泄漏源	组织堵漏
S_{12}	应急疏散	对毒性、火灾爆炸影响范围内的人群进行疏散
S_{13}	危险区域划分	根据硫化氢毒性、火灾热辐射、蒸气云爆炸影响范围，划定伤害区域
S_{14}	防护与医治	对受到伤害的人群进行医疗救护
S_{15}	监测	向现场周围进行持续气体浓度检测
S_{16}	泄漏源	包括泄漏源的位置、泄漏强度、泄漏方向、泄漏持续的时间以及泄漏总量
S_{17}	气象场	含硫天然气发生泄漏后，气体浓度以及影响范围受到风、温度、大气稳定、湍流、热辐射等气象因素的影响
S_{18}	地理因素	井站所处的地理环境（包括地形、周围的覆盖物等）能够影响含硫天然气的扩散程度

经过调研、专家咨询，可以确定各因素之间相互作用关系，得邻接矩阵 A。

$$A = \begin{array}{c} \\ S_1 \\ S_2 \\ S_3 \\ S_4 \\ S_5 \\ S_6 \\ S_7 \\ S_8 \\ S_9 \\ S_{10} \\ S_{11} \\ S_{12} \\ S_{13} \\ S_{14} \\ S_{15} \\ S_{16} \\ S_{17} \\ S_{18} \end{array} \begin{array}{c} \begin{array}{cccccccccccccccccc} S_1 & S_2 & S_3 & S_4 & S_5 & S_6 & S_7 & S_8 & S_9 & S_{10} & S_{11} & S_{12} & S_{13} & S_{14} & S_{15} & S_{16} & S_{17} & S_{18} \end{array} \\ \left[\begin{array}{cccccccccccccccccc} 0 & 1 & 0 & 0 & 0 & 0 & 0 & 0 & 0 & 0 & 0 & 0 & 0 & 0 & 0 & 0 & 0 & 0 \\ 1 & 0 & 0 & 0 & 0 & 0 & 0 & 0 & 0 & 0 & 0 & 0 & 0 & 0 & 0 & 0 & 0 & 0 \\ 0 & 0 & 0 & 0 & 0 & 0 & 0 & 0 & 1 & 1 & 1 & 1 & 1 & 1 & 1 & 0 & 0 & 0 \\ 0 & 0 & 0 & 0 & 0 & 1 & 0 & 0 & 0 & 0 & 0 & 0 & 0 & 0 & 0 & 0 & 0 & 0 \\ 0 & 0 & 0 & 0 & 0 & 0 & 0 & 0 & 1 & 1 & 1 & 1 & 1 & 1 & 1 & 0 & 0 & 0 \\ 0 & 0 & 0 & 0 & 0 & 0 & 1 & 0 & 0 & 0 & 0 & 0 & 0 & 0 & 0 & 0 & 0 & 0 \\ 0 & 0 & 1 & 0 & 1 & 0 & 0 & 1 & 0 & 0 & 0 & 0 & 0 & 0 & 0 & 0 & 0 & 0 \\ 0 & 0 & 0 & 0 & 0 & 0 & 0 & 0 & 1 & 1 & 1 & 1 & 1 & 1 & 1 & 0 & 0 & 0 \\ 1 & 0 & 0 & 0 & 0 & 0 & 0 & 0 & 0 & 0 & 0 & 0 & 0 & 0 & 0 & 0 & 0 & 0 \\ 1 & 0 & 0 & 0 & 0 & 0 & 0 & 0 & 0 & 0 & 0 & 0 & 0 & 0 & 0 & 0 & 0 & 0 \\ 1 & 0 & 0 & 0 & 0 & 0 & 0 & 0 & 0 & 0 & 0 & 0 & 0 & 0 & 0 & 0 & 0 & 0 \\ 1 & 1 & 0 & 0 & 0 & 0 & 0 & 0 & 0 & 0 & 0 & 0 & 0 & 0 & 0 & 0 & 0 & 0 \\ 1 & 1 & 0 & 0 & 0 & 0 & 0 & 0 & 0 & 0 & 0 & 0 & 0 & 0 & 0 & 0 & 0 & 0 \\ 1 & 1 & 0 & 0 & 0 & 0 & 0 & 0 & 0 & 0 & 0 & 0 & 0 & 0 & 0 & 0 & 0 & 0 \\ 1 & 1 & 0 & 0 & 0 & 0 & 0 & 0 & 0 & 0 & 0 & 0 & 0 & 0 & 0 & 0 & 0 & 0 \\ 0 & 0 & 0 & 0 & 0 & 0 & 0 & 0 & 0 & 0 & 0 & 1 & 1 & 1 & 1 & 0 & 0 & 0 \\ 0 & 0 & 0 & 0 & 0 & 0 & 0 & 0 & 0 & 0 & 0 & 1 & 1 & 1 & 1 & 0 & 0 & 0 \\ 0 & 0 & 0 & 0 & 0 & 0 & 0 & 0 & 0 & 0 & 0 & 1 & 1 & 1 & 1 & 0 & 0 & 0 \end{array} \right] \end{array}$$

请根据邻接矩阵 A，求解系统可达矩阵 R，并对系统进行区域划分和级别划分，给出系统层级结构图，提出改善含硫天然气开采泄漏应急决策的对策建议。

参 考 文 献

[1] 林齐宁. 决策分析教程［M］. 北京：清华大学出版社，2013.
[2] 吴士力. 通俗模糊数学与程序设计［M］. 北京：中国水利水电出版社，2008.
[3] 胡运权. 运筹学基础及应用［M］. 6版. 北京：高等教育出版社，2014.
[4] 计雷，池宏，陈安，等. 突发事件应急管理［M］. 北京：高等教育出版社，2006.
[5] 谢识予. 经济博弈论［M］. 4版. 上海：复旦大学出版社，2017.
[6] 左小德. 应急物流管理［M］. 广州：暨南大学出版社，2011.
[7] 刘心报. 决策分析与决策支持系统［M］. 北京：清华大学出版社，2009.
[8] 袁晓芳，李红霞. 非常规突发事件应急决策理论与方法研究［M］. 徐州：中国矿业大学出版社，2014.
[9] 林毓铭. 应急管理定量分析方法［M］. 广州：暨南大学出版社，2011.
[10] 何录新. 基于DEA的企业安全管理绩效测评研究［D］. 北京：中国地质大学（北京），2016.
[11] 孙静. 民用机场安全运行监管博弈研究［D］. 广汉：中国民用航空飞行学院，2019.
[12] 桂红军. 煤矿事故应急救援案例推理系统研究［D］. 西安：西安科技大学，2017.
[13] 贺丹. 基于DEA的水上突发事件应急资源配置研究［D］. 武汉：武汉理工大学，2012.
[14] 郭鑫. 基于GIS的城市应急避难场所优化布局综合分析［D］. 天津：天津师范大学，2018.
[15] 张梓彤. 突发事件多主体交互防治效果评价研究［D］. 西安：西北大学，2020.
[16] 刘成路. 四川省自然灾害脆弱性评估研究［D］. 三河：防灾科技学院，2021.
[17] 史晓瑞，商彦蕊，胡佳，等. 石家庄市应急避难场所适宜性评价［J］. 震灾防御技术，2016，11（3）：656–666.
[18] 郭继东，杨月巧. 地震应急物资需求预测的模糊案例推理技术［J］. 中国安全生产科学技术，2017，13（2）：176–180.
[19] 徐志新，奚树人，曲静原. 核事故应急决策的多属性效用分析方法［J］. 清华大学学报：自然科学版，2008，48（3）：445–448.
[20] 王雨情. 基于ISM的大型集会活动踩踏事件安全影响因素研究［J］. 消防界（电子版），2019，5（6）：50–52+54.
[21] 廖凯，梁开武，江锋，等. 含硫井站泄漏事故应急决策影响因素分析［J］. 消防科学与技术，2021，40（7）：1024–1027.
[22] 闫绪娴，曾强，李志超. 突发事件应急管理中社会参与行为演化博弈分析［J］. 灾害学，2021，36（3）：189–194.
[23] 黄斐，邹忠义，谢光旺. 军地一体化下的应急救援物资保障评价体系研究［J］. 武警学院学报，2018，34（6）：68–72.
[24] 李学工，李芳. 重大突发事件下应急冷链供应链协同化评价模型及策略研究［J］. 中国安全生产科学技术，2021，17（10）：18–24.
[25] 王沫涵，王盛凹，黄璜. 基于AHP的生产安全事故应急预案评估研究［J］. 科技资讯，2021，19（16）：62–65+85.
[26] 朱本成，王维利，宋灿灿. 基于模糊综合的高速公路应急救援企业救援能力评价模型［J］. 上海公路，2021（2）：139–144+150+169–170.
[27] 姚国章，李诗雅. 基于ISM的应急管理与大数据相结合的影响因素研究［J］. 南京邮电大学学报：社会科学版，2020，22（1）：64–75.

[28] 王宁, 左添丞, 冯鹏程. 基于主成分聚类分析的军事物资应急配送需求分级研究 [J]. 军事交通学院学报, 2021, 23 (3): 45-50.
[29] RICHTER M M, WEBER R O. Case-based reasoning [M]. Springer Berlin Heidelberg, 2009.
[30] ZADEH L A. Fuzzy sets [J]. Information and Control, 1965, 8: 338-353.

图书在版编目（CIP）数据

应急管理决策技术/郭继东，程永，焦贺言编著. --北京：应急管理出版社，2023（2024.12重印）

防灾减灾系列教材

ISBN 978－7－5020－9632－8

Ⅰ.①应… Ⅱ.①郭… ②程… ③焦… Ⅲ.①突发事件—公共管理—管理决策—教材 Ⅳ.①D035.29

中国版本图书馆 CIP 数据核字（2022）第 212352 号

应急管理决策技术（防灾减灾系列教材）

编　　著	郭继东　程　永　焦贺言
责任编辑	肖　力
责任校对	孔青青
封面设计	千　沃
出版发行	应急管理出版社（北京市朝阳区芍药居 35 号　100029）
电　　话	010－84657898（总编室）　010－84657880（读者服务部）
网　　址	www.cciph.com.cn
印　　刷	北京地大彩印有限公司
经　　销	全国新华书店
开　　本	787mm×1092mm 1/16　印张 7 3/4　字数 175 千字
版　　次	2023 年 3 月第 1 版　2024 年 12 月第 2 次印刷
社内编号	20221509　　　　　　　　　　定价 30.00 元

版权所有　违者必究

本书如有缺页、倒页、脱页等质量问题，本社负责调换，电话：010－84657880